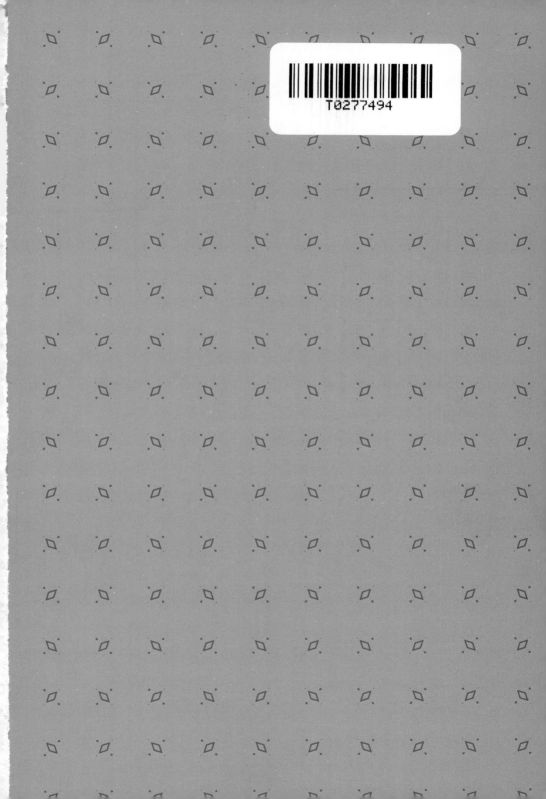

CREA UNA EMPRESA ADMIRADA

SALVADOR ALVA

LO QUE UN LÍDER NO DEBE DELEGAR

ANTICIPAR
EL FUTURO

ATRAER Y
DESARROLLAR
TALENTO

MODELAR
LA CULTURA

LID

MADRID | CIUDAD DE MÉXICO | BUENOS AIRES | BOGOTÁ
LONDRES | SHANGHÁI

Colección Acción Empresarial de LID Editorial
Editorial Almuzara S.L.
Parque Logístico de Córdoba, Ctra. Palma del Río, Km 4, Oficina 3
14005 Córdoba.
www.LIDeditorial.com
www.almuzaralibros.com

A member of:

businesspublishersroundtable.com

EAN-ISBN13: 978-84-10521-29-2
Directora editorial: Laura Madrigal
Editora de mesa: Paloma Albarracín
Corrección: Norma Ramos
Maquetación: www.produccioneditorial.com
Diseño de portada: Juan Ramón Batista
Impresión: Cofás, S.A.
Depósito legal: CO-218-2024

Impreso en España / Printed in Spain

Primera edición: marzo de 2024

Te escuchamos. Escríbenos con tus sugerencias, dudas, errores que veas o lo que tú quieras. Te contestaremos, seguro: *info@lidbusinessmedia.com*

AGRADECIMIENTOS

A mi compañera de vida, Irma, y mis hijos,
Dany, Alberto y Diego, por inspirarme
a ser una mejor persona.

Índice

Introducción

El libro aborda uno de los problemas más importantes de la humanidad y del que poco se habla: el agotamiento del liderazgo jerárquico diseñado hace más de 300 años. Un paradigma que permanece hoy en las organizaciones que buscan sobrevivir en un mundo dinámico e interconectado con mercados e industrias en permanente competencia y disrupción.

La aparición de internet ha provocado una creciente aceleración de nuestra vida en todos los sentidos, ha puesto a prueba los modelos de gestión tradicionales y, con ello, ha provocado la progresiva desaparición de empresas rígidas y el nacimiento de otras nuevas más ágiles y sólidas. El impacto de la IA en todas las industrias y profesiones tendrá, con toda probabilidad, un efecto similar y aportará a las organizaciones nuevos retos, pero también enormes oportunidades que aprovecharán aquellos que cuenten con los estilos de gestión y liderazgo adecuados.

La vida promedio de las empresas en la década de los cincuenta del siglo pasado era de 60 años, hoy es de menos de 18 años, y para 2030 se estima que desaparecerá un número significativo de las empresas que cotizan en S&P 500. Los líderes de las empresas más importantes del mundo se mantienen en su puesto durante un promedio de cinco años y muchos son despedidos. Poco se habla de esto porque no se analiza la raíz del problema o no se sabe cómo resolverlo, y este fenómeno ocurre tanto en las organizaciones públicas como en las privadas en todas las geografías.

Este libro desafía todas aquellas prácticas de gestión y creencias que aprendimos y que nos llevaron a crear organizaciones jerárquicas, rígidas, lentas, ineficientes, improductivas y poco inclusivas, donde los empleados están desmotivados, sienten temor y se resisten a vivir el cambio como una forma natural de evolución. Y los líderes prefieren orillar el problema con metodologías de mejora continua que terminan siendo remedios paliativos e ineficaces para aliviar la intensidad de la enfermedad.

Esta obra está dirigida a quienes buscan reinventar su liderazgo para ir más rápido para lograr que la organización se apasione, innove y sea creativa, con una visión compartida y consciente. Es para quienes ven en el liderazgo la oportunidad de servir, inspirar y generar confianza, decididos a crear una cultura que transforme a los empleados en emprendedores; a los jefes en líderes, donde el foco sea el cliente; donde desterremos la frase «yo decido» para pasar al «nosotros decidimos»; para evolucionar de una empresa lenta y con una cultura de mejora continua a una rápida, de innovación y adaptable al cambio constante.

Este libro es una llamada de atención para aquellos consejos de administración y consejeros delegados que no están dedicando suficiente atención a anticipar el futuro, atraer y desarrollar el mejor talento y modelar la cultura. Estamos ante el fin de una época en la que seremos testigos de la extinción de esos liderazgos jerárquicos que fundaban su actuación en el privilegio del poder de mando.

Esta lectura no es teórica. Refleja un proceso profundo de transformación basado en la experiencia de trabajo en posiciones directivas en organizaciones internacionales y se nutre e inspira en grandes pensadores que revolucionaron la forma de hacer negocios, además de mentores y colaboradores a quienes guardo gratitud. Todos ellos aportaron algunas teorías y pensamientos que me ayudaron a crear un proceso ordenado que acuñé como el proceso VOC, por las iniciales de los conceptos: visión, organización y cultura. La alineación de estos tres conceptos se vincula con los temas más relevantes para el líder en esta época: anticiparse al futuro, atraer y desarrollar talento y modelar la cultura para generar competitividad y valor a los accionistas, los empleados, la comunidad y el planeta.

Es una lectura obligada para generar conversaciones que nos permitan desafiar y cuestionar creencias muy arraigadas.

CAPÍTULO 01

Crisis de liderazgo. El mayor reto del mundo

La responsabilidad del líder es preocuparse por el mañana.

Hoy nos enfrentamos a un mundo de cambios radicales, movimientos vertiginosos y acelerados en todos los sentidos de la vida.

Son cambios exponenciales que revolucionan a las sociedades, instituciones, empresas, ocupaciones, la manera en la que interactuamos, nos comunicamos, tomamos decisiones y muchos otros aspectos relevantes de la existencia.

En este contexto de transformación e incertidumbre, el recurso más urgente y escaso es el liderazgo. Faltan líderes con los valores y la tenacidad suficientes para hacer frente, con decisión y valentía, a los retos de la sociedad. En 2015, el Foro Económico Mundial analizó cuáles eran los diez mayores desafíos de la humanidad, y resultó irónico que uno de ellos fuera la formación de líderes.

¿Por qué faltan líderes?

La competencia más importante para una persona en un mundo con cambios exponenciales es su capacidad creativa, de innovación, resiliencia y pensamiento crítico. Aunque todos los seres humanos nacemos con estas aptitudes, somos únicos y diferentes; nuestros procesos de formación desde la casa y la escuela buscan que adoptemos hábitos y patrones generalmente aceptados por las mayorías y, por lo tanto, vamos perdiendo esta disposición y flexibilidad al cambio.

En 1993, George Land y Beth Jarman hicieron un estudio para identificar los «índices de genialidad» en niños de 5, 10 y 15 años; encontraron que a los 5 años su indicador era del 98 %, bajaba hasta el 32 % al llegar a los 10 y solo el 10 % se conservaba al alcanzar los 15 años. La prueba era idéntica y lo único que tenían en común estos niños es que todos habían estudiado en la escuela.

Líderes versus seguidores

¿Por qué a pesar de ser casi 8000 millones de habitantes en el planeta es tan difícil encontrar líderes? Porque un líder es aquel que lleva a los demás a lugares a donde no se atreverían a ir solos. Aquellos hombres que desafiaron al mundo o cuestionaron creencias muy arraigadas tuvieron que enfrentar grandes resistencias e, inclusive, algunos lo pagaron con su vida. Cuestionar la afirmación de que la tierra era plana, demostrar que no hay un dios de la lluvia y que no hay necesidad de hacer sacrificios humanos son solo algunos de los miles de ejemplos que se pueden mencionar.

La pregunta es por qué tomar riesgos, por qué ser líder y no conformarse con ser un seguidor. Un líder necesita una inspiración que nace del interior, y un seguidor solo un jefe que le dé órdenes que debe cumplir.

Líderes versus jefes

Un líder hace de la gente ordinaria gente extraordinaria. La compromete con una misión compartida que le permita trascender y realizarse; da significado a la vida de sus seguidores, un propósito por el cual vivir.

¿Por qué es tan difícil encontrar líderes? Los líderes son muy escasos, hay que buscarlos, hay que enamorarlos; por el contrario, los jefes buscamos seguidores y estos abundan por todos lados. Sin darnos cuenta nos llenamos de seguidores y terminamos sin líderes en nuestras organizaciones, con grupos homogéneos que tienen muy poca diversidad de ideas y pensamientos, y sin estos últimos conceptos no hay un motor para generar creatividad e innovación.

La cultura laboral que existe en la mayoría de las organizaciones no atrae líderes. Muchas empresas promueven lo contrario al estar más interesadas en mantener la estabilidad que en generar un cambio positivo. Los líderes quieren acción, no están buscando una estabilidad mediocre: quieren innovar, piensan *fuera de la caja*, hacen cosas de maneras muy distintas.

Un verdadero líder cuestiona continuamente el *statu quo* para elevar los límites establecidos: busca flexibilidad y agilidad, quiere más libertad, quiere más responsabilidad. Para el jefe la autoridad es un privilegio de mando, para el líder un privilegio de servicio. El jefe ordena: «Aquí mando yo», el líder piensa: «Aquí sirvo yo». El jefe presiona al grupo y el líder va al frente comprometiéndose con sus acciones.

El jefe inspira temor: le sonreímos de frente y lo criticamos a sus espaldas. El líder inspira confianza, da poder a su gente, la entusiasma y cuando está presente fortalece al grupo. Si temes a tu superior, es jefe. Si te inspira confianza y respeto es un líder.

El jefe asigna deberes: a cada uno lo que tiene que hacer. El líder vive con el ejemplo, trabaja con y como los demás, es congruente en su pensar, decir y actuar. El jefe hace de las tareas una carga; el líder lo ve como un privilegio porque transmite la alegría de vivir y de trabajar.

¿Cómo identificar líderes?

¿Cómo evaluar la capacidad de liderazgo de una persona? Generalmente debemos buscar en las entrevistas, en las referencias y en su historial evidencias que nos permitan estimar las siguientes aptitudes de liderazgo.

- **Resultados**. Los líderes hacen que las cosas sucedan y provocan acciones.
- **Atracción de talento**. Lo más importante de un líder es que tiene una gran habilidad para atraer a otros líderes. ¿Quién atrae a quién? Empleados siempre atraen a empleados, gente positiva atrae a gente positiva, gente negativa a gente negativa y gente brillante a gente brillante, y los líderes son multiplicadores de valor.
- **Innovación**. El líder inspira, no se conforma con lo posible, hace hasta lo imposible. Los líderes buscan, observan y aprovechan las oportunidades.
- **Influencia**. La ejercen sobre las opiniones y las acciones de otros: el liderazgo es poder porque afecta la forma en la que otros se conducen.
- **Actitud positiva**. Es inherente. No se quedan en el lado oscuro, siempre están viendo lo brillante en las posibilidades y en lo que se puede lograr. Para ellos, es la oportunidad de seguir creciendo y aportando.
- **Valores**. Los verdaderos líderes muestran y viven sus valores. Saben que el más importante de una organización es su cultura y esta se vuelve su prioridad número uno.
- **Colaboración**. El líder promueve al grupo a través de la cooperación, formando a otros líderes, y dedica un mínimo del 10 % de su tiempo anual al desarrollo de talento.

La formación de líderes requiere de un ecosistema en el que los diferentes acontecimientos a los que se enfrentan actúen como forjadores de su carácter.

Tres ajustes: de empleados a emprendedores, de jefes a líderes y del «yo decido» a «nosotros decidimos»

El futuro que nos tocará vivir dependerá de los líderes que lo construyan. Por lo tanto, resulta imprescindible e impostergable la formación de más y mejores líderes con las habilidades, capacidades y, sobre todo, con la voluntad de edificar un mundo más próspero que propicie el florecimiento humano.

Para poder operar en un entorno que demanda rapidez, flexibilidad e innovación debemos tener organizaciones creativas donde la colaboración, el compromiso y la imaginación sean la esencia de su cultura; para ello, el rol más importante de un líder será la formación de más líderes y tendremos que ajustar tres creencias que están muy arraigadas el día de hoy para que sean la parte central de esta nueva cultura.

Primero, cambiar la palabra «empleados» por «emprendedores» para crear la mentalidad de «dueño» y que nuestro trabajo sea contribuir al propósito y visión fundamental de la organización, en donde tengamos la capacidad de aportar haciendo de la innovación el trabajo de todos, todos los días.

Segundo, sustituir la palabra «jefes» por «líderes», teniendo claro que el único jefe que hay es aquel por el cual existimos: el cliente. Tercero, si todos somos parte de la organización, dejemos que las decisiones se tomen colectivamente por quienes están más cerca de los procesos, para que el «yo decido» se reemplace por un «nosotros decidimos».

Los líderes construyen puentes hacia el futuro, puentes de esperanza, ideas y oportunidades; puentes anchos y fuertes para que, quienes quieran cruzar, lo puedan hacer con seguridad.

Sergio Carrillo

CAPÍTULO 02

El tiempo como factor de éxito. Elegir es renunciar

La mala noticia es que el tiempo vuela, la buena es que tú eres el piloto.

Michael Altshuler

Todas las organizaciones enfrentarán retos que las transformarán o las harán desaparecer, dependiendo de su velocidad para generar el mayor valor al cliente. Nuestras empresas se diseñaron para responder a un ambiente competitivo y, con base en ello, establecieron su modelo de organización y su cultura. Fueron creadas en un mundo físico lleno de fronteras en el que fraccionamos los procesos y creamos estructuras burocráticas, lentas, inflexibles y costosas donde hay clientes invisibles e insatisfechos que tienen que pagar hasta el 80 % del precio por muchas actividades que no agregan valor.

En pleno siglo XXI estamos administrando compañías con una organización diseñada hace muchos años, bajo la influencia de las teorías de Adam Smith, Henry Ford, Alfred Sloan y Robert McNamara, entre otros pensadores; pero Internet rompió las fronteras que durante siglos habíamos defendido, y nos convirtió en la actual sociedad hiperconectada de casi 8000 millones de personas; gracias al internet de las cosas habrá más de 50 000 millones de dispositivos conectados entre sí.

Empezamos a entender lo que quiso decir Albert Einstein cuando vaticinó que los imperios del futuro serían los imperios del conocimiento. Vemos empresas muy valiosas creadas por jóvenes que llegan a tener ingresos económicos que no podemos imaginar. El elemento más valioso que hoy tenemos es el tiempo. Somos millonarios en expectativas, pero seguimos teniendo las mismas 24 horas. Necesitamos dormir y cubrir nuestras necesidades físicas de tal forma que nos queda muy poco tiempo disponible para las miles de opciones en que podemos usarlo. Las horas que estamos despiertos son lo único con lo que contamos y debemos buscar la mejor manera de aprovecharlas.

Se está generando una gran frustración en el ser humano y hay quejas dentro de las empresas por la falta de equilibrio entre el trabajo y la vida personal. En los últimos años se han reducido las jornadas laborales en la mayoría de los países; ejemplos de ello son Alemania y Dinamarca con una jornada promedio a la semana de 26 horas (incluyendo trabajadores de tiempo parcial), España con 31 y Estados Unidos con 34. Sin embargo, todavía existen países de la Organización para la Cooperación y el Desarrollo Económicos (OCDE) como Colombia y México con 38 y 41 horas trabajadas a la semana, respectivamente, y esto no significa, necesariamente, mayor productividad.

Los autoempleos están aumentando aceleradamente porque las personas aprecian mucho su libertad y la flexibilidad para decidir sobre su tiempo, en qué y cómo desean gastarlo. Al analizar el uso que dan al tiempo los líderes de las empresas nos damos cuenta de que siempre priorizan actividades que los presionan y son urgentes, dejando de lado los temas que son importantes.

Como seres de hábitos dominados por el inconsciente, nos cuesta mucho trabajo cambiar nuestras creencias, pero la única forma de hacerlo es tomando conciencia. Este libro pretende ser un documento de reflexión sobre temas arraigados en nuestras formas de administración y sobre la concepción que tenemos del liderazgo; nociones que sufrirán cambios paulatinos en los siguientes cincuenta años. Al respecto, Carl G. Jung, médico psiquiatra (1875-1961), decía: «Hasta que el inconsciente no se haga consciente, el inconsciente dirigirá tu vida».

Una forma de tomar conciencia de cómo usamos nuestro tiempo es poner en blanco y negro nuestras actividades clasificándolas en cuatro tipos: 1) las delegables no urgentes, 2) las delegables urgentes, 3) las importantes urgentes y 4) las importantes no urgentes.

Al finalizar, nos daremos cuenta de que buena parte de nuestro tiempo lo dedicamos a las actividades que pudieran ser delegables, y estaremos en graves problemas porque el rol de un líder generalmente está en los temas importantes de alto impacto, los que no se deben delegar; además de que muchos de ellos no son urgentes, pero son los que determinan el futuro de las empresas, como los siguientes:

- **Anticiparse al futuro.** Es aquí donde las oportunidades siempre se encontrarán. Hay que salir, viajar, asistir a ferias, visitar negocios, emprendedores, usuarios y no usuarios de nuestros productos y competidores; pues en el mundo están innovando millones de personas que seguramente serán fuente de inspiración. Un mínimo de dos a tres semanas sería lo ideal anualmente.

- **Atraer y desarrollar talento.** El buen talento es muy escaso y hay que retenerlo y buscarlo porque generalmente las personas con esta cualidad no andan buscando trabajo. Hay que enamorarlos y lograr que sean parte del sueño. La transformación de los negocios implica romper con los silos organizacionales para empoderar a las personas que tienen contacto con los clientes, y que sean ellas quienes tomen el 99 % de las decisiones.

- **Modelar la cultura.** Es imperativo poner al centro de todas nuestras decisiones al cliente y sorprenderlo superando sus expectativas y consiguiendo su lealtad. Establecer los valores y las conductas que nos permitan vivir dicha cultura con intensidad, celebrando y compartiendo el éxito.

Un líder debe tener muy claro su legado, es decir, las tres o cinco cosas de impacto y valor agregado que quiere dejar en los años que estará en su asignación actual. Hay que tener cuidado de que, a la hora de listar estas acciones, no terminemos describiendo un trabajo, sino que se trata de identificar las que dejarán una huella, las que se pueden ver o medir y que generaron (o lo harán) un cambio fundamental.

Es imprescindible escribirlas en una tarjeta, compartirlas y traerlas con nosotros, pues serán una brújula diaria para estar seguros de que al menos el 50 % del tiempo lo dedicamos a ellas; pero lo más importante será poder decir «NO» a las actividades que usan nuestro tiempo sin generar ese legado y esa transformación que deseamos. Cuántas personas, después de años en un trabajo, al preguntarles por su legado o valor agregado responden que tenían tantas cosas que hacer que no les quedó tiempo para pensar en ello.

El Consejo de Administración

Las organizaciones que reportan a un Consejo de Administración tienen el gran reto de alinear esta transformación a dicho órgano y a su funcionamiento, pues de otra forma estarán desalineados y, lejos de avanzar, vivirán en un conflicto continuo.

Tradicionalmente, los consejos estaban compuestos por diez o más personas; si queremos modelar con el ejemplo y acelerar la toma de decisiones, entonces el primer ajuste debe ser reducir su tamaño y revisar todos los comités de gestión que existen.

Tomar decisiones en grupos mayores de seis personas es muy complicado y no debemos olvidar que las decisiones de un consejo ya pasaron por muchos filtros. Cuando estos órganos son grandes y se quieren votaciones por unanimidad se termina en la mediocridad, ya que los temas controvertidos no se discuten, inclusive no se traen a la mesa.

Reducir los consejos a ocho o menos integrantes no es una opción, obedece a que el entorno y la magnitud de los cambios te obligan a moverte con rapidez, flexibilidad e innovación y, al mismo tiempo, a enfocar el uso del tiempo más hacia el futuro y menos al espejo retrovisor.

Un Consejo de Administración tiene tres grandes responsabilidades:

1. **La parte fiduciaria.** Cuidar el buen funcionamiento de la empresa y el cumplimento de sus reglas internas con la sociedad y el medioambiente.

2. **La planeación.** Aprobar planes operativos, asignar recursos y cuadros de liderazgo.

3. **Anticiparse al futuro.** Evaluar oportunidades y riesgos.

Veremos más adelante que el valor de las empresas más innovadoras y admiradas se explica solo en un 16 % por el valor contable, y el restante 84 % son los intangibles, es decir, cosas que no están en el balance, pero que son las que confieren el valor –llamadas también ventajas competitivas– como marcas, clientes, innovación, talento, agilidad, etcétera.

En esta época de turbulencia, el Consejo Administrativo debe transformarse para dedicar al menos el 50 % de su tiempo a la planeación del futuro: oportunidades de negocios, cómo atraer a más clientes, expansión de mercados, alianzas, fusiones, ventas, etcétera; y no dedicar más del 20 % de sus actividades a los temas fiduciarios

o a la revisión de resultados; salvo aquellos relacionados con aprendizajes, con lo que no está funcionando,
los clientes ganados y perdidos y las oportunidades y
riesgos que se vislumbran para enfocarse en la agenda
del futuro.

Es muy importante tener siempre una idea del valor de
nuestros negocios (aunque no estén a la venta) para
ver lo que otros ven y están dispuestos a pagar por
ellos. Generalmente, el valor dependerá de las ventajas
competitivas que al comprador le puedan generar. Me
ha tocado ver empresas en donde el director general
estimaba un valor «X» y alguien le ofreció «3X» por
lo que percibía y que internamente no se visualizaba.
También he sabido de casos contrarios donde el director se pregunta por qué le ofrecen un valor bajo por la
compañía, y la respuesta de esta reflexión ha sido de
gran utilidad para realizar ajustes a futuro.

De las organizaciones jerárquicas nace la premisa de
que el jefe decide y, por lo tanto, las personas se dirigen a él para que atienda múltiples asuntos; así lle-
nan su agenda en forma alarmante y ponen en riesgo
la supervivencia de la empresa porque entonces no se
ocupa de los asuntos que sí son su responsabilidad y
no debe delegar.

Las personas generalmente se acercan a un jefe para
mostrarle su trabajo porque quieren su aprobación; en
la mayoría de los casos hay una búsqueda de reconocimiento (que todos necesitamos) y, más aún, si el
puesto laboral también depende de la opinión del jefe
hay que demostrarle lealtad y cercanía.

Cuando alguien se acerca a mí para solicitar mi tiempo analizo el tema, y si no está dentro de mi lista de

cinco prioridades o legados simplemente me disculpo dando un reconocimiento e indicando que tengo una agenda apretada, pero reitero mi apoyo incondicional porque confió en la decisión que el equipo tome, ya que estoy seguro de que superarán por mucho mis expectativas. Les puedo garantizar que en casi todos los casos sucedió de esta manera, y esta conducta liberó más del 50 % de mi tiempo disponible.

A este procedimiento suelo llamarle «changos negros» y «changos blancos». Los «changos blancos» son los asuntos relevantes que me corresponde atender y a los que debo dedicar la mayor parte de mi tiempo. Los «changos negros» pudieran ser interesantes, pero consume mucho tiempo entenderlos y llegan a nosotros porque somos jefes, pero no expertos, y en la mayoría de esos casos terminamos dando el sí.

Debemos detectar a los líderes que siguen administrando «changos negros» porque no están entendiendo su rol, y el peligro que esto representa para el futuro de la organización es enorme, ya que administran desde el área de confort sin reconocer que su posición y su tiempo requieren ajustes importantes; el resultado de esto es (casi siempre) el despido de directores generales en intervalos cortos.

Analizar los mercados y las tendencias de los consumidores y romper paradigmas son algunas de las necesidades apremiantes de todo líder. Hay una frase de Ralph Emerson que ha regido mi vida: «No sigas el camino, ve por donde no hay vereda y deja huella». Hace cincuenta años, la vida promedio de una empresa era de quince años y hoy se ha acortado el ciclo a cinco. ¿Qué hacer? Tenemos que organizarnos a partir de procesos centrados en el cliente y ajustar cuatro paradigmas y creencias que no nos dejan avanzar.

1. **¿Quién es mi jefe?** Debemos dejar claro que el único y verdadero jefe es aquel para el que existimos: el cliente. Entonces el rol actual del jefe es transformarse en un líder inspirador al servicio de los demás que, inclusive, pueda ser evaluado por quienes le reportan.

2. **¿Cuál es mi trabajo?** Tu trabajo es contribuir a lograr la visión y propósito de la empresa sin importar la actividad que tengas asignada; siempre deberás ofrecerte a ayudar para el logro del fin último, dejando atrás esa socorrida expresión de «es que ese no es mi trabajo».

3. **¿Quién es tu equipo?** Todo aquel que contribuye a la visión y propósito del negocio. Esto implica que tu verdadero equipo es toda la empresa, y la noción «equipo funcional» pasa a un segundo término o se cambia por colaboración. Si en nuestra familia hay una persona con algún problema ¿qué hacemos? La ayudamos. Este sencillo principio es el que debemos aplicar todos para lograr satisfacer a nuestros clientes y exceder sus expectativas.

4. **¿En qué negocio estamos?** Estamos en el de movilizar personas para atraer y retener clientes en perpetua redefinición, y así crear los negocios del futuro.

¿Qué retos tenemos y qué hacemos?

- Cambiar más rápido que el mundo exterior.
- Innovar es el trabajo de todos, todos los días.
- Lograr que la gente se apasione y sea creativa.

Estos retos a los que nos enfrentamos como líderes implican cambios muy importantes, y si no los llevamos a cabo, además de la obsolescencia que tendremos que afrontar, estaremos poniendo en riesgo nuestros trabajos y empresas.

Hay que reinventar el liderazgo para ir más rápido o moriremos, pero como fuimos educados mediante patrones de poder resulta complicado. Necesitamos sustituir los viejos esquemas para transformar a nuestras organizaciones, cambiar un pasado lento e inflexible y la idea de que el jefe decide por un futuro con rapidez, flexibilidad y guiado por la innovación.

Cuadro 2.1 **Modelo de negocio a transformar**

Fuente: Elaboración propia.

La cultura debe emigrar del conformismo, la obediencia y la subordinación a la colaboración, el compromiso y la creatividad.

Cuadro 2.2 **Cultura a transformar**

Fuente: Elaboración propia.

Hay tres cambios fundamentales que debemos llevar a cabo a nivel personal y aunque, sin duda, son los más complicados, de ellos dependerá el éxito de una transformación.

Cuadro 2.3 **Cambios para una transformación profunda**

PASADO		FUTURO
Empleados	→	Emprendedores
Jefes	→	Líderes
Yo decido	→	Nosotros decidimos

Fuente: Elaboración propia.

El reto que hoy tiene el empresario es «diferenciarse» lo más rápido posible y «hacer a la competencia irrelevante» o, dicho de otra forma, no mirar a la competencia y enfocarse en nuevos mercados, nuevos clientes, nuevas soluciones que nadie esté viendo, y entonces dejar que la competencia lo siga, pero él ya irá tres pasos adelante.

Si hoy analizamos nuestros negocios nos daremos cuenta de que estos dependen generalmente de un grupo pequeño de clientes –alrededor de un 20 %– que genera más del 80 % de las ventas. El error es que vemos y tratamos a todos los clientes con normas y políticas similares, cuando lo que deberíamos hacer es diferenciar nuestro trato y condiciones dependiendo de su lealtad a nuestros productos.

Por otro lado, si nos dedicamos a entender a aquellos que compran poco o, inclusive, a los que ni siquiera consideran nuestros productos como una opción, puede que encontremos una de las mayores fuentes de crecimiento. El reto está en ver las cosas con otra óptica.

Siempre nos preguntamos por qué los pioneros, en la mayoría de los nuevos sectores de la economía, fueron empresarios pequeños que suplieron su falta de capital con creatividad, buenas ideas y ruptura de paradigmas.

La respuesta es muy simple: los grandes son poderosos, pero pierden la agilidad y la capacidad de ver nuevos horizontes. Sus líderes son generalmente administradores que tienen terror a equivocarse y, por lo tanto, no toman riesgos. Algunos de ellos llevan sobre sus hombros el éxito de una empresa familiar y las expectativas de todos los miembros que juzgan cotidianamente sus decisiones.

La mayoría no se da cuenta de que, al no cambiar a la velocidad del mundo y de la tecnología, existe un riesgo mayor de que sus empresas mueran, ya que dependen de qué tan fuertes y duraderas son sus ventajas competitivas.

Cuadro 2.4 **Pioneros versus líderes actuales**

CATEGORÍA	PIONERO	LÍDER ACTUAL
Hornos de microondas	Ampex	LG / Samsung
Secadoras de ropa	Canton Clothes	Whirlpool / GE / Samsung
Computadoras personales	Mits	Dell / HP / Lenovo
Fax	Xerox	Brother / Samsung / Cannon
Tenis	Converse	Nike
Rasuradoras	Blue Blade	Gillette

Fuente: Elaboración propia con datos de la revista *strategy+business*, no. 35.

Los líderes que dirigen a la mayoría de las empresas han sido premiados por sus resultados en el pasado y hoy se les pide que transformen y evolucionen sus compañías hacia un mundo nuevo e incierto. Las preguntas que debemos hacernos entonces son las siguientes: ¿quién los ha preparado para ello?, ¿en dónde están las escuelas que los forman para enfrentar los desafíos y amenazas de sus negocios?, ¿quién tiene la experiencia sobre un mundo que aún no se inventa?

El despido de directores generales por parte de los Consejos de Administración ha aumentado en forma alarmante, y los promedios de estancia en esos puestos no superan los cinco años. Aun cuando han aparecido miles de publicaciones de negocios intentando ayudar a los ejecutivos a reinventarse, solo han logrado hacerles la vida más complicada, pues las teorías son únicamente piezas en el rompecabezas del proceso, y cuando se aplican de forma aislada, los resultados no son significativos.

Hay directores que deciden trabajar con una nueva visión y la publican y difunden con gran entusiasmo, pero cuando la gente ve que el equipo directivo no tiene las habilidades para implementarla se produce una gran ansiedad. Aunque se cuente con las personas adecuadas, si no están alineadas y trabajan en equipo se crea una gran confusión, y si no hay recursos para invertir en una nueva visión se genera frustración.

La transformación de un negocio requiere ajustes al modelo y una buena dosis de paciencia y consistencia, elementos en los que pocos líderes están dispuestos a invertir.

Cuadro 2.5 **Etapas de una transformación**

ETAPAS					RESULTADO
Visión	Habilidades	Alineamiento	Recursos	Plan de acción	
✓	✓	✓	✓	✓	TRANSFORMACIÓN
—	✓	✓	✓	✓	CONFUSIÓN
✓	—	✓	✓	✓	ANSIEDAD
✓	✓	—	✓	✓	CONFLICTO
✓	✓	✓	—	✓	FRUSTRACIÓN
✓	✓	✓	✓	—	PASOS EN FALSO

Fuente: Elaboración propia.

No puede haber cambio ni transformación si el líder no decide cómo usar su tiempo y hace ajustes importantes. Al dedicar más del 30 % a la operación (que puede ser delegada) está evadiendo su principal responsabilidad que consiste en ver por el futuro, la evolución, el talento y la cultura de la organización. Tarde o temprano, esta empresa tendrá una brecha casi imposible de cerrar.

Un buen líder debe dividir su tiempo en tres partes: aprender, crear y ejecutar.

Cuadro 2.6 **Ser mejor o ser diferente**

Fuente: Elaboración propia con datos de la conferencia del profesor Gary Hamel, «Marketing Innovation a Core Competence»: Woodside Institute, 2004.

No olvidemos que, aunque la tecnología cambia a pasos acelerados, al ser humano le cuesta mucho trabajo evolucionar a esa velocidad. El rol del líder es cerrar esa brecha y a ello debe dedicar buena parte de su tiempo.

Imagen 2.1 **El rol del líder: tecnología versus cultura**

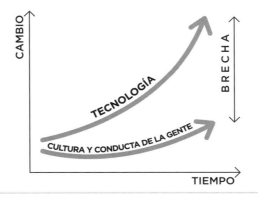

Fuente: Elaboración propia.

La innovación es lo que distingue a los líderes de los seguidores.

Steve Jobs

03

Innovación. Todo puede reinventarse

Cuando el ritmo de cambios dentro de la empresa es superado por el ritmo de cambios fuera, el final está cerca.

Jack Welch

¿Te imaginas que los empleados califiquen a sus jefes?, ¿permitir que puedan decir «no» a una orden?, ¿invitar a la comunidad externa para que ayude a desarrollar la estrategia?, ¿dar a un gerente sesenta reportes en línea directa?, ¿dejar que los empleados subcontraten las partes aburridas de su trabajo?, ¿consentir que los de bajo nivel definan normas y políticas de gastos menores como celulares, copiadoras, viajes y papelería? ¿que las implementen sin la debida autorización y el jefe tenga que ser el primero en respetarlas?

Estas son algunas de las cosas que suceden en una empresa con cultura de innovación, las que permiten que los crecimientos y márgenes del negocio superen a los de cualquier competidor. Son estas ideas las que simplifican las estructuras en las organizaciones y las vuelven más planas, convirtiendo a los jefes en verdaderos *coaches* o facilitadores para las personas.

Yo viví este proceso en varias ocasiones y es impresionante la generación de productividad, la satisfacción en el trabajo y la pasión con la que la gente se conecta al negocio. Estos procesos permiten tener menos supervisión y más empoderamiento (*empowerment*) de las personas y sus resultados. Recuerdo una fábrica que operaba con doscientos empleados de línea y treinta supervisores o jefes. Al final del proceso solo quedaron cinco facilitadores para apoyar a todos los empleados de línea, y pasamos de una relación de supervisores de uno a siete a más de treinta por facilitador. En las mañanas los líderes de las líneas de producción se reunían con los facilitadores para indicarles lo que necesitarían de ellos.

Esto puede asustar, pero la razón de contratar personas con mayores competencias es justamente para apoyar, entrenar y motivar a la gente, y son ellos los que sabrán lo que requieren y los mejores para evaluar la gestión del jefe.

La innovación está reconocida como el factor más importante en la economía moderna. La falta de una cultura de innovación es mortal para una empresa y sus marcas. Innovación es mucho más que nuevos productos y servicios, es fomentar la realización de grandes cambios tanto en los procesos como en los productos, buscando que sean sostenibles y den valor agregado a nuestros clientes y consumidores.

Thomas Alva Edison decía: «Encuentro lo que el mundo necesita y trato de inventarlo». Por su parte, Steve Jobs enfatizaba que «la innovación es lo que distingue a los líderes de los seguidores». David G. Vice, expresidente de Northern Telecom, solía afirmar: «En el futuro habrá dos tipos de organizaciones: las rápidas y las muertas», y esto dependerá de la velocidad que tengan para encontrar el camino a la productividad y el mayor valor para el consumidor. Esto suena muy alarmante, pero es real si lo analizamos con perspectiva histórica.

Muchas de las cien empresas más importantes del mundo de hoy no existían hace cincuenta años, y varias de las que había desaparecieron o fueron adquiridas. También es cierto que han nacido grandes compañías que en muy poco tiempo tomaron posiciones de liderazgo en nuevos sectores de la economía mundial como Microsoft, Intel, Apple, Google, Amazon, Alibaba, etcétera. Y varias de las que hasta hace poco eran marcas líderes hoy se debaten entre reinventarse o morir. Sony, la marca con la que mi generación creció, significaba calidad e innovación en electrónica, pero actualmente ha sido superada en varios aspectos por Apple.

En 2010, Sony superaba en ventas a Apple ($77 billones de dólares versus $42 billones, respectivamente), y trece años después (2023) esta la supera en más de cinco veces. Y lo que es más impresionante es su valor de capitalización: Apple supera a Sony 27 veces.

Hay diversos factores que explican estas diferencias, pero en esencia el inversionista percibía en 2010 que el modelo de negocio y el futuro de Apple era más prometedor, y no se equivocó, pues si hoy en día hubiéramos invertido un millón en Sony (julio de 2023) tendríamos 3.8 millones, y para el caso de Apple 13 veces más.

La velocidad de cambio actual no tiene precedente y esta rapidez crecerá en forma exponencial. Solamente la tecnología de los últimos treinta años ha superado los inventos de la humanidad desde que se creó la primera rueda.

A nivel mundial, tardamos 62 años en alcanzar la cifra de cincuenta millones de automóviles desde su invención; el teléfono fijo tuvo que esperar cincuenta años para llegar al mismo número de usuarios; la televisión tardó 22 años. Internet lo hizo en solo cuatro y el juego de *Pokémon Go* en 19 días.

Hace dos décadas, para desarrollar un automóvil nuevo se necesitaban seis años, hoy se hace en doce meses. En una sola generación el costo de decodificar un gen humano ha bajado de millones de dólares a cientos. El costo de almacenar un *megabyte* de datos ha disminuido de centenares de dólares a prácticamente cero.

Desde el inicio de la humanidad, el poder y la fuerza de las sociedades estaban determinados por el tamaño de los territorios y ejércitos. El poderío se medía en función de las tierras conquistadas, sus recursos naturales y su mano de obra. No fue sino hasta el siglo XIX que las fuerzas de poder empezaron a cambiar con la industrialización y la aparición de grandes empresas y corporaciones que establecieron, en parte, la importancia de un país. Con este movimiento se inicia la era del conocimiento y la globalización que hoy por hoy define al mundo.

Actualmente, el tamaño del territorio de un país es irrelevante. La tercera y cuarta potencias del mundo, Japón y Alemania, respectivamente, ocupan el lugar número 61 y 62 en cuanto a superficie, incluso son inferiores a Paraguay o Camerún. Por el contrario, un país como Argentina que hace dos siglos era una potencia mundial, hoy es la economía número treinta y el número ocho en territorio. Mongolia, con una superficie similar en tamaño a México, tiene una economía menor al 2 % comparada con la de nuestro país. Veremos en el futuro que las fronteras irán perdiendo importancia y el poder económico será sustituido por grandes corporaciones que dominarán el espectro mundial porque su principal detonador será la capacidad de atraer, retener y desarrollar talento, así como el impulso al emprendimiento de alto valor agregado.

Si las cinco compañías con mayor valor de capitalización fueran países, su valor en orden de magnitud sería equivalente al PIB del tercer país del mundo después de Estados Unidos y China. Las fortunas de Elon Musk y Bernard Arnault, juntas, son mayores en equivalencia que la suma del PIB de países como Ecuador, Guatemala, Luxemburgo, República Dominicana y Costa Rica. Las veinte compañías más fuertes de Estados Unidos representan el 5 % de la economía mundial (para dimensionar tamaños aunque son conceptos distintos).

Internet y los sistemas de comunicación alteraron la forma de vida. Hoy las redes sociales han alcanzado una dimensión inimaginable. Solo Facebook cuenta con casi 3000 millones de usuarios (2023), lo que representa el 38 % de todos los habitantes del planeta.

El consumidor vive en una aldea global en donde las fronteras desaparecieron y su lealtad está con aquellas compañías o marcas que ofrecen más valor al menor costo. Las empresas ganadoras serán las que entiendan las tendencias del consumidor y desarrollen productos y servicios que lo sorprendan.

En esta nueva era del conocimiento nuestro mayor reto será lograr que la cultura y las conductas de los empleados evolucionen a la misma velocidad del cambio tecnológico. El ser humano, por naturaleza, adquiere hábitos a través de la repetición de conductas, y cambiarlas requiere de mucho esfuerzo y voluntad.

Las compañías y la gente no cambian hasta que el dolor de permanecer igual es mayor que el dolor del cambio. Las estadísticas demuestran que las empresas solo se transforman cuanto están en crisis o en bancarrota; un pequeño número de ellas, menor al 10 %, lo hace en los buenos momentos con la única intención de poder ir más rápido en su visión y expansión.

Las empresas producen una brecha entre el desarrollo tecnológico y la velocidad de adaptación de la gente. Los líderes invertimos en tecnología cuando el reto es el diseño de la organización, sus procesos y su cultura para alinearse con el cambio tecnológico y el ambiente competitivo. Si no cerramos esta brecha, no lograremos una transformación real. Queremos empleados motivados, pero esto solo se logra cambiando la cultura de subordinación por una de cooperación, compromiso e innovación.

Imagen 3.1 **Empresa tradicional versus admirada**

Fuente: Elaboración propia.

Fuimos educados mediante patrones de poder y ahora es necesario sustituir los viejos esquemas por nuevas alternativas de colaboración. Requerimos gente con nuevas habilidades: flexibles y promotores del cambio. Muchos de los roles que hoy desempeñamos no existirán en el futuro; las ocho carreras o trabajos que tendrán mayor demanda en veinte años aún no han sido creadas.

Los empleos serán más complejos, desafiantes y autónomos; buscarán la innovación y diferenciación como el arma más poderosa de una empresa. En este ambiente necesitaremos líderes que se enfoquen en el cliente y no en el jefe, en el equipo y no en el individuo; disciplinados contra improvisados, emprendedores antes que empleados.

Los líderes premiados serán verdaderos agentes de cambio, dispuestos a eliminar muchos de los principios exitosos del pasado con la utilización creativa de la tecnología y el apoyo a la educación y a la comunicación como prioridades en su agenda. En conclusión, requerimos un cambio en la forma de pensar de la gente y de los líderes de las organizaciones, pero ¿cómo atraer este tipo de talento?

Pensemos qué hubiera pasado si Steve Jobs, Bill Gates y Jeff Bezos se hubieran postulado para trabajar en una compañía tradicional llena de normas, procedimientos y manuales donde los líderes rechazaran las nuevas ideas. Estoy seguro de que no habrían pasado una entrevista de trabajo con el lenguaje y la vestimenta que tenían cuando iniciaron sus negocios.

Si no creamos las condiciones para atraer a estos jóvenes emprendedores a nuestras empresas, difícilmente podremos transformar e innovar; pero sabemos que ellos no están dispuestos a trabajar si no tienen flexibilidad en horarios, libertad en sus estaciones de trabajo, la opción de laborar desde casa, vestimenta informal, pago proporcional a sus contribuciones personales, eliminación de títulos y signos de poder, cultura incluyente para todas las creencias y afiliaciones, juegos y diversiones para los tiempos libres, etcétera.

Reflexionemos por un momento sobre la riqueza que Jobs, Gates y Bezos crearon y que hoy (julio de 2023) supera los 6900 billones de dólares. ¿Cómo fue posible que IBM y Sony no hubieran tenido la cultura y los líderes adecuados para retener a este tipo de talento hace cuarenta años?

Seguramente la arrogancia de su liderazgo no les permitió ver más allá. Hoy, el valor combinado de estas dos compañías es de 236 billones de dólares, cuando estos tres muchachos crearon desde cero un valor empresarial que las supera 29 veces.

La lealtad a las empresas y los empleados se irán perdiendo. Hoy, uno de cada cuatro trabaja contratado por menos de un año, y se pregunta si será despedido, reubicado, reprocesado, *reingenierizado*; si la compañía se fusionará, venderá o desaparecerá. Se calcula que una persona desempeñará hasta catorce trabajos diferentes (proyectos con inicio y fin) antes de cumplir los 38 años.

¿Cómo prepararnos para trabajos que aún no existen, para usar tecnologías que aún no se inventan y para resolver problemas que ni siquiera podemos imaginar? Hoy nos preguntamos cómo pudimos funcionar en el pasado sin teléfono celular o sin Google. Ya no podemos imaginar la vida sin estos productos. No habrá ningún campo de la actividad económica que no genere cambios dramáticos en los siguientes años.

Si pensamos un momento, la lista de ejemplos puede ser muy larga, y no habrá industria que no se encuentre amenazada con los cambios que terminarán por imponerse. Estamos ante la disyuntiva de ser nosotros los que vamos por delante y nos esforzamos por ser innovadores y revolucionarios o cómodamente nos quedamos a la espera de que los nuevos emprendedores nos acaben.

Uno de los retos de la competitividad que encaran las empresas en todo el mundo es el de ofrecer productos y servicios diferenciados e innovadores que ofrezcan un valor agregado a los clientes y consumidores. No es ningún secreto que la innovación y los cambios de paradigmas han sido el motor del crecimiento a través de los siglos.

En esta era una compañía que evoluciona lentamente se encuentra camino a la extinción. ¿Qué tenemos que hacer para innovar?

1. Dirigir el negocio hacia las oportunidades que ofrecen los mercados actuales y los nuevos que se abren por efecto de la globalización.

2. Ver los negocios de manera distinta y entregar a los clientes productos y servicios que se diferencien de los que brindan los competidores locales e internacionales.

3. Desarrollar capacidades y conocimientos para crear nuevos más rápido que la competencia.

4. Despojarnos de las formas tradicionales de hacer negocios.

Debemos pensar distinto a los competidores o, dicho de otra forma, las compañías tradicionales seguirán compitiendo para ser mejores y las nuevas para ser únicas. Difícilmente perduraremos con una estrategia que sea «más de lo mismo». Debemos tener la capacidad de concebir de otra manera los negocios existentes a fin de crear nuevo valor para los clientes, sorprender a la competencia y crear nueva riqueza para los inversionistas. Una empresa que hoy en día no sea lo suficientemente innovadora, desaparecerá del mercado de una u otra forma, solo será cuestión de tiempo.

En 1973 George Land publicó *Grow or Die. The Unifying Principle of Transformation,* donde demostró que toda organización pasa por tres fases en su evolución: la primera es *supervivencia y nacimiento*, en la que se establecen los cimientos y el modelo de negocio; la segunda es *crecimiento o éxito,* es la de mayor esplendor en las compañías, aquí el éxito no permite ver los focos rojos o amenazas del entorno. En esta se rechazan cambios profundos argumentando que todo va bien y que no vale la pena tomar un riesgo innecesario. Este periodo también es conocido como el del *huracán* porque, a excepción del que está «en el ojo», todos ven la amenaza donde, aparentemente, existe una gran calma. Generalmente, este es el lugar en el que se encuentran muchas empresas, ya que no se dan cuenta de los peligros que las acechan. La tercera fase se llama *cambio o muerte*, es cuando las amenazas se materializan; en muchos casos las compañías tardan en reaccionar y es muy probable que «mueran».

Imagen 3.2 **Evolución de una empresa**

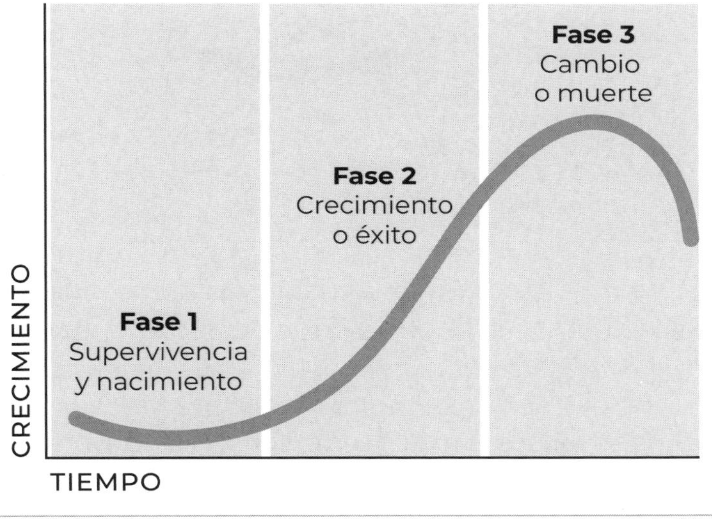

Fuente: Elaboración propia con datos de *Grow or Die. The Unifying Principle of Transformation*.

El doctor Land demostró que la forma de extender la vida de una empresa es cambiar a una nueva curva en los momentos de la segunda fase, revisando el modelo de negocio y generando las adecuaciones necesarias para iniciar nuevamente una fase 1, y así sucesivamente durante toda la vida de la organización. Sin embargo, intentar transformarse cuando las cosas van muy bien tiene sus riesgos, ya que todo cambio produce un desa-juste que detiene la inercia de *crecimiento* de la fase 2. A este proceso de reinvención constante se le denomi-na *proteger el pasado*.

Imagen 3.3 **Fases de un negocio**

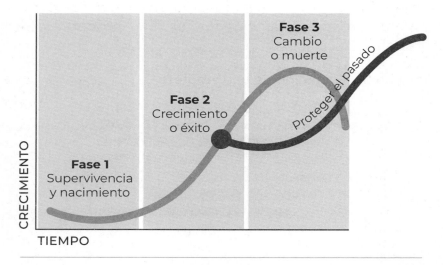

Fuente: Elaboración propia con datos de *Grow or Die. The Unifying Principle of Transformation*.

Para el líder existe el riesgo de ser despedido al pro-poner un cambio si en apariencia las cosas van bien; tendrá muchos enemigos que argumentarán que fue una muy mala idea. La mayoría suele tomar este tipo de decisiones cuando las cosas van mal, que es gene-ralmente al final de la fase 2 y cuando nadie se opone.

El ciclo de vida de las organizaciones se está haciendo más corto debido a los cambios tecnológicos y a las amenazas competitivas, lo que obliga a revisar conti-nuamente el modelo de negocio.

Lo mismo sucede con los ciclos de vida de las potencias mundiales. El Imperio bizantino, por ejemplo, duró 1167 años, el islámico 508, el romano 503, el francés 357, el alemán 47 y así sucesivamente.

Un caso dramático sucedió en nuestro país, si lo comparamos con China. En 1990 México era la economía número doce y China la once, su diferencia en tamaño era del 37 %. En solo 21 años China pasó al lugar número dos y México retrocedió al número 16. Hoy, en 2023, la economía china es 12.8 veces mayor que la mexicana.

Todos sabemos que las amenazas existen, pero generalmente tendemos a darle poca importancia a la probabilidad de que sucedan, sin darnos cuenta de que quizá sean oportunidades de negocios para competidores o nuevos jugadores y que pueden materializarse antes de lo que pensamos.

Toda empresa nace de una oportunidad en un momento determinado y en un ambiente competitivo. Con base en esta idea desarrollaremos un modelo de negocio, su organización y su cultura; todos estos elementos deben estar alineados e interconectados para alcanzar un funcionamiento armónico.

Cuando el medio competitivo cambia –como está sucediendo– queremos forzar el modelo de negocio y la cultura para ajustarlos al nuevo entorno, produciendo un desalineamiento que genera tensión, ineficiencias y, sin duda, malos resultados.

Imagen 3.4 **Cambio en el entorno competitivo**

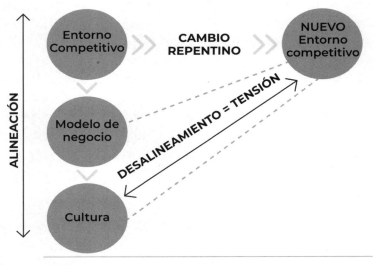

Fuente: Elaboración propia.

Necesitamos que el modelo de negocio y la organización respondan a estos retos y que se transite de organizaciones burocráticas, lentas, inflexibles, costosas, con gente desmotivada y clientes invisibles e insatisfechos a organizaciones rápidas, flexibles, eficientes, centradas en el cliente, con personas motivadas, confiables y entrenadas.

También es urgente crear una cultura de cooperación, compromiso, trabajo en equipo e innovación. En este contexto, el modelo de negocio y la cultura responderán al nuevo ambiente competitivo, alineándose naturalmente y logrando un mejor desempeño en el nuevo mercado.

Esta teoría y los principios son fáciles de entender, pero muy complicados de implementar porque requieren tiempo, tenacidad, consistencia y un gran liderazgo que logre inspirar y entusiasmar a toda la organización.

Quien lleve a cabo esta transformación se diferenciará de los demás porque tendrá una gran ventaja competitiva que será sostenible en el largo plazo y, como veremos en los siguientes capítulos, la mayor creación de valor en una empresa radica en su modelo de negocio y en la manera de alinear la organización y la cultura de innovación.

Si todo parece estar bajo control,
simplemente no estas yendo lo
suficientemente rápido.

Mario Andretti

CAPÍTULO 04

Empresas y líderes admirados

Una buena estrategia no es mejorar lo que uno hace, sino ser diferente en lo que uno hace.

Michael Porter

¿La gente está enamorada de la empresa en donde labora?, ¿la defienden de cualquier crítica o ataque?, ¿la presumen a sus familiares y amigos?, ¿pareciera que su vida y su trabajo son lo mismo?

Las respuestas afirmativas a estas preguntas solo se dan al interior de un puñado de empresas, a pesar de que todos los líderes quisiéramos tener colaboradores motivados y comprometidos a tal grado que pudieran decir que nuestra compañía es un lugar donde trabajarían aunque no recibieran una remuneración económica.

Llegar a ser una empresa admirada es una meta que alcanzan menos del 5 % de los empresarios. Tener una organización que genere riqueza y ser admirada son dos cosas muy diferentes. Las hay rentables por sus ventajas competitivas porque son monopolios, patentes o cárteles, pero sus empleados y clientes siempre se expresan mal de ellas.

Como consumidores, todos hemos sido víctimas del maltrato de una empresa con posición de monopolio; generalmente sus empleados no pueden dar una respuesta satisfactoria a una petición de servicio. Seguro se nos ocurren muchos ejemplos al respecto, incluidos casi todos los monopolios del Estado.

Los reportes financieros de este tipo de compañías suelen ser excelentes, pero si revisamos las publicaciones sobre empresas admiradas, el mejor lugar para trabajar, los mejores líderes, organizaciones innovadoras, etcétera, quizá nunca aparezcan, y tampoco sus líderes.

La pregunta que tal vez nos hacemos es: ¿para qué ser una empresa admirada?, ¿qué beneficio se puede obtener? El papel más importante de una organización es perdurar en el tiempo a pesar de las adversidades del entorno, y para ello debe contar con ventajas competitivas sólidas que sean sostenibles en el largo plazo.

Las empresas admiradas tienen fortalezas que las hacen únicas y diferentes, incluso hay quienes están dispuestos a pagar un sobreprecio por sus acciones de mercado, que superan en ocasiones hasta cuatro veces a su más cercano competidor.

Este tipo de organizaciones son las que marcan el futuro del mundo, las que tienen el propósito superior de dejar huella. Son aquellas por las que la gente haría hasta lo imposible por trabajar ahí, y en cuyas oficinas y fábricas se transmite alegría y sentido de pertenencia; las que tienen valores y cuidan la forma de obtener resultados; las que no toleran prácticas de corrupción, daño al medioambiente o maltrato al personal, pues las formas son tan importantes como el resultado. Los líderes que las dirigen son personas que serán recordadas por dejar un legado de bien y prosperidad.

Es más fácil ser una empresa admirada iniciando desde cero que transformar algo que ya existe. Mientras más antigua sea, seguramente tendrá más vicios y prácticas de un mundo viejo, y mayor será su resistencia al cambio; una reforma efectiva y sostenible lleva entre cinco y siete años: aquí es donde cualquier líder se desanima. Ser paciente y consistente es difícil cuando el promedio de estadía de un ejecutivo en un mismo puesto no supera los cinco años.

Apple es la empresa más valiosa y admirada de los últimos años, y también su fundador. Lo que nadie analiza es que Jobs fue nombrado director general por segunda ocasión el 16 de septiembre de 1997, y que fue hasta 2007 cuando empezó a aparecer como una de las diez compañías más admiradas (una década después). Se requirió de mucha paciencia y consistencia.

Una tarea obligada sería revisar cuáles son las empresas admiradas y las características que tienen en común, a fin de entrar posteriormente en los principios básicos para una transformación.

Jim Collins y Jerry Porras escribieron dos grandes libros sobre empresas admiradas que trascienden: *Built to Last: Successful Habits of Visionary Companies* (1994) y *Good to Great: Why Some Companies Make the Leap... and Others Don't* (2001). Entre sus conclusiones más significativas están que las empresas admiradas –y que han sobrevivido a más de tres crisis– mantienen intactas dos cosas: su visión y sus valores.

El resto lo han cambiado en función del entorno y la competencia. Disney, por ejemplo, es consistente con su visión de «divertir a la gente» aun cuando hoy es una empresa muy diferente de la que inició su creador con un ratoncito.

Su portafolio de negocios es muy amplio, no se reduce a la producción de películas animadas con las que comenzó. Hoy en día tienen varios estudios cinematográficos, canales de televisión y parques temáticos, entre otras cosas; pero la visión de «divertir» se ha mantenido intacta.

Collins y Porras destacan que una empresa admirada es como un camión: «Debe subirse la gente adecuada, bajarse la gente que no sirve, asignar a la gente correcta en el asiento adecuado y rotar los asientos hasta conseguir al mejor chofer».

Desde 1997, la revista *Fortune* ha publicado anualmente un estudio profundo sobre las empresas admiradas que operan en Estados Unidos. Durante los últimos quince años la número uno ha sido Apple (2007-2022). Ahora, si vemos en detalle la lista de las primeras diez de los últimos cinco años notaremos una gran consistencia en muchas de ellas y la influencia que han tenido sus líderes en los resultados.

Cuadro 4.1 **Empresas admiradas**

	2023	**2022**	**2021**	**2020**	**2019**
1.	Apple	Apple	Apple	Apple	Apple
2.	Amazon	Amazon	Amazon	Amazon	Amazon
3.	Microsoft	Microsoft	Microsoft	Microsoft	Berkshire Hathaway
4.	Berkshire Hathaway	Pfizer	Walt Disney	Walt Disney	Walt Disney
5.	JP Morgan	Walt Disney	Starbucks	Berkshire Hathaway	Starbucks
6.	Walt Disney	Berkshire Hathaway	Berkshire Hathaway	Starbucks	Microsoft
7.	Costco	Alphabet	Alphabet	Alphabet	Alphabet
8.	Pfizer	Starbucks	JP Morgan	JP Morgan	Netflix
9.	Alphabet	Netflix	Netflix	Costco	JP Morgan
10.	American Express	JP Morgan	Costco	Salesforce	Federal Express

Fuente: Elaboración propia con datos del artículo «World's Most Admired Companies» de *Fortune* en CNN.

Siete empresas han estado en esta lista durante cinco años consecutivos: Apple, Amazon, Microsoft, Berkshire Hathaway, Walt Disney, JP Morgan y Alphabet; Starbucks apareció durante los últimos cuatro; Costco y Netflix durante tres.

Estas empresas son dominantes en sus categorías y sus niveles de rentabilidad, comparados con los de la competencia, son superiores. Los inversionistas pagan un sobreprecio por estas acciones –a diferencia de otras que existen en el mercado– porque ven en ellas un futuro más prometedor y un equipo de liderazgo con credibilidad, además de su consistencia en resultados y cultura.

El valor del capital de las tres empresas más admiradas (Apple, Amazon y Microsoft) es de $5.8 trillones de dólares (julio 2023), el equivalente, para dimensionar, a cinco veces el PIB de México. En *Built to Last,* escrito hace 25 años, los autores seleccionaron a 18 empresas visionarias (ejemplares) para analizarlas a detalle y extraer algunas conclusiones relevantes.

La primera es que, si hubieran invertido un dólar en estas compañías en 1926, para 1990 (64 años después) su valor hubiera sido de 6356 dólares. Si ese mismo dólar lo hubieran invertido en su competidor directo tendrían 995 dólares, mientras que invertido en el mercado de valores conseguirían solo 414 dólares. Si comparamos la lista de empresas admiradas publicada en 1994 en el libro *Built to Last* con la que aparece en el artículo «World´s Most Admired Companies» de *Fortune,* en 2023, veremos que solamente permanecen dos: American Express y Walt Disney.

Cuadro 4.2 **Empresas visionarias 1994-2023**

VISIONARIAS (1994)	ADMIRADAS (2023)
1. 3M	1. Apple
2. American Express	2. Amazon
3. Boeing	3. Microsoft
4. Citicorp	4. Berkshire Hathaway
5. Ford	5. JP Morgan
6. General Electric	6. Walt Disney
7. Hewlett Packard	7. Costco
8. IBM	8. Pfizer
9. Johnson & Johnson	9. Alphabet
10. Marriott	10. American Express
11. Merck	
12. Motorola	
13. Nordstrom	
14. Philip Morris	
15. Procter & Gamble	
16. Sony	
17. Walmart	
18. Walt Disney	

Fuente: Elaboración propia con información de *Built to Last* y de «World's Most Admired Companies».

Cuando analizamos el valor de las acciones totales de las diez empresas más admiradas nos encontramos que solo el 16 % de ese precio se explica por el valor del capital o el valor de los libros de contabilidad. El 84 % restante no es tangible y es lo que se denomina valor intelectual, es decir, sus marcas, su capacidad de generar utilidades, su gente, su cultura, su mercado, etcétera.

Este valor intelectual es el sobreprecio que la gente está dispuesta a pagar por la compañía a pesar de no tener activos tangibles. Lo que equivale a que las personas paguen 6.5 veces más de lo que vale nuestro capital invertido (valor en libros) en promedio; sin embargo, en el caso de Apple paga 59 veces más.

Cuadro 4.3 **Valor de las empresas** (julio 2023) (billones de dólares)

COMPAÑÍA	VALOR DE LA EMPRESA	VALOR		PREMIO
		■ Libros	■ Intelectual	(Valor/ Capital)
Apple	2999	2 %	98 %	59
Amazon	1382	11 %	89 %	9
Microsoft	2567	4 %	96 %	13
Berkshire Hathaway	745	67 %	33 %	1.5
JP Morgan	438	69 %	31 %	1.4
Walt Disney	162	60 %	40 %	1.6
Costco	242	10 %	90 %	10
Pfizer	205	49 %	51 %	2
Alphabet	1594	16 %	84 %	6
American Express	129	20 %	80 %	5
Total	**10 463**	16 %	84 %	**6**

Fuente: Elaboración propia con datos de MarketWatch y Yahoo Finanzas.

Lo primero que notamos es que las organizaciones basadas en conocimiento suelen tener más valor intelectual, mientras que las tradicionales e intensivas en capital tienen un menor sobreprecio por ello.

El caso de Apple es impresionante porque su valor de patrimonio o capital es de $51 billones de dólares, lo que explica solo un 2 % de su valor, ya que es una empresa que en el mercado se tasa en $3000 billones (julio 2023); dicho de otra forma, el valor de sus acciones es 59 veces su capital; cabe destacar que su flujo neto de efectivo en 2022 superó en más de dos veces su capital contable.

¿Qué nos dicen estas cifras? Que las empresas admiradas con mayor valor intangible o sobreprecio a capital tienen fuertes ventajas competitivas, y que generan valor y encuentran los mecanismos necesarios para dejar que terceros ejecuten las actividades de menor valor agregado. La creación del capital intelectual se explica en gran medida por la *calidad del liderazgo*. Por ello, trabajar en una compañía con buen liderazgo y visión se vuelve muy atractivo para cualquier talento, y este círculo virtuoso se repite: la gente buena atrae a más gente buena.

Si hoy nos preguntamos cuál es el activo más importante de Apple, Amazon o Microsoft, posiblemente mencionemos sus extraordinarios productos, pero estos fueron creados por los equipos de liderazgo que hoy son el mayor de sus activos.

Los líderes de estas empresas perciben las oportunidades en forma diferente. Para ellos la observación y el entendimiento del cliente es su pasión; ven lo que otros no ven; buscan entender a sus consumidores más leales y conservarlos con innovación continua; pero su verdadera pasión radica en comprender a aquellos que no son sus clientes, los que utilizan sus productos de forma ocasional. Es de estos de quien depende toda la estrategia del negocio y siempre buscan tener nuevas ideas para sorprenderlos con productos y servicios que adoptarán con rapidez y los volverán usuarios leales a la marca.

Cuando Steve Jobs retó a su equipo a crear el primer iPod no les planteó cumplir con aquello que el consumidor esperaba o superar a la competencia. En ese momento existían muchos reproductores de música con capacidad para 200 a 300 canciones, eran dispositivos complejos que requerían una gran habilidad tecnológica para su manejo, lo que limitaba el mercado a un pequeño grupo de usuarios sofisticados. Jobs pidió dos cosas a sus colaboradores: que el reproductor tuviera capacidad para 2000 canciones y que se pudiera «manipular con una sola mano», una restricción fundamental que habría de marcar la diferencia.

Se dice fácil, pero ese detalle implicó una revolución: un diseño compacto y fácil de usar que sorprendió a los «no usuarios» que rápidamente terminaron adoptándolo y creando una nueva categoría. Cuando lanzaron el iPod con capacidad para 2000 canciones ya estaban listos para lanzar en tres meses el de 4000. La mayor fuente de crecimiento de cualquier empresa son los «no usuarios», y desde esa perspectiva el futuro de los productos de Apple es infinito.

Veamos otro ejemplo, cuando Southwest Airlines apareció por primera vez en 1971 con viajes de treinta dólares de Dallas a Houston y San Antonio nadie lo podía creer; ¿cómo alguien podía competir (en una industria quebrada) con ese nivel de precios? Herb Kelleher, su fundador, vio que la mayor parte de la gente que necesitaba transportarse en tramos cortos no estaba dispuesta a pagar los precios que ofrecían las líneas aéreas y optaba por usar su automóvil. Para una línea tradicional existen dos costos: el del vuelo y el de los servicios de tierra que dependen del tiempo que el avión esté parado entre vuelo y vuelo.

Nuevamente, Herb observó a los «no usuarios» y encontró un modelo basado en bajos costos de operación y en tiempos cortos de estadía en tierra. Todos los servicios extras se eliminaron y se ofrecieron en forma opcional con costo extra. Las grandes líneas aéreas no podían creer que su competidor ofreciera en treinta dólares vuelos que ellos hacían por doscientos. Su mayor sorpresa fue saber que con esos precios Southwest obtenía utilidades, mientras ellos perdían clientes.

Sam Walton fundó Walmart en 1962 con una sola idea: encontrar la manera de que la gente ahorrara dinero para que viviera mejor. Una visión muy diferente a la de cualquier otro empresario. Observó entonces los hábitos del consumidor y se percató de que los habitantes de las pequeñas ciudades de Estados Unidos iba a las grandes para realizar sus compras en tiendas especializadas en electrónicos como Sears, en ropa tipo JC Penney, por comida a diversos supermercados y así sucesivamente.

Quizá se preguntó: ¿cómo puedo hacer para que la gente no tenga que trasladarse de una tienda a otra y no se desplace de su lugar de origen? La respuesta fue crear un Walmart Super Center donde se pudiera encontrar todo lo que las familias de clase media necesitan sin tener que salir de la zona donde residen.

Suena fácil, pero ¿cuál sería su modelo de negocio si la mayoría de los comercios estaban en problemas financieros y atraer consumidores de clase media requería precios muy competitivos? Encontró la fórmula en dos grandes estrategias: 1) una logística y distribución centralizada que ofreciera al fabricante un solo punto de entrega para conseguir la mercancía y surtir diariamente a todas las tiendas a un costo óptimo y 2) el establecimiento de una nueva cultura en la que eliminaría o minimizaría los gastos que el consumidor no estuviera dispuesto a pagar.

Fue el propio Sam Walton quien dio el ejemplo y llevó esta cultura hasta el último rincón de la empresa. Hasta el día de su fallecimiento (5 de abril de 1992) él mismo manejó su vieja camioneta de velocidades que hoy se encuentra en un museo, en las oficinas centrales de Bentonville. Una de las tantas políticas que tenía era el cuidado de todos los gastos, así que para los viajes la regla era quedarse en hoteles modestos.

La mayoría de los empresarios consideran que un hombre con fortuna y posición no tendría que hacerlo. Sin embargo, Walton no tenía esa óptica, pues creía genuinamente en su modelo de negocio y su visión («Precios bajos, siempre») estaban basados en un compromiso real de cuidar el dinero del consumidor. Esta ventaja lo llevaría rápidamente a convertir a Walmart en líder del mercado.

Tener un líder congruente con la política de austeridad generó grandes ahorros. Pensemos por un momento qué hubiera pasado si Walton no hubiera dado ese ejemplo ¿sería Walmart lo que es hoy? Él nunca compitió para ser mejor, lo hizo para ser único, ofreciendo al consumidor de clase media una opción que nadie, hasta ese momento, podía brindarle. En 2022 las ventas de esta empresa alcanzaron los 600 billones de dólares, y si lo vemos como si fuera un país, entonces sería la economía número 23 del mundo.

Otro ejemplo de empresa admirada es Disney, fundada por Walt y Roy Disney en 1924 como estudio de dibujos animados. Desde su concepción, sus fundadores siempre tuvieron la visión de «Hacer feliz a la gente» y en 1955 inauguraron en California el parque Disneyland para este propósito, en una superficie de 65 hectáreas.

Walt se dio cuenta de que la gente iba a Los Ángeles con la idea de visitar el parque de diversiones, pero una vez que lo hacían, los turistas aprovechaban el resto de sus días de asueto para asistir a otras atracciones, trasladándose de un lugar a otro. Pudo haber pensado en poner más parques similares en otros lugares, pero su visión se basó en cómo resolver todas las necesidades vacacionales de la familia en un solo sitio.

Orlando fue la respuesta a esa visión: en una superficie de 11 000 hectáreas, 170 veces mayor que Disneyland, Walt construyó toda una ciudad. En 1971 abrió su primer parque al público y el día de hoy el imperio Disney tiene cuatro parques temáticos (Magic Kingdom, Epcot Center, Disney Studios y Animal Kingdom), dos parques acuáticos, 25 hoteles Disney, diez de terceros, cinco campos de golf y más de 360 restaurantes para visitar uno diferente cada día del año. Walt no pudo ver cristalizado su sueño porque murió en 1966, pero su visión de que las familias tuvieran las mejores vacaciones en un solo lugar es una realidad, y hoy su parque de diversiones es el más visitado del mundo.

Disney es una empresa con ventas de 84 billones de dólares anuales y sus parques solo representan el 35 % de su negocio. La parte más importante son sus canales de televisión y estudios de cine; pero todos los negocios mantienen algo en común: «Hacer feliz a la gente».

Entonces, ¿qué elementos son importantes para estar en la categoría de empresa admirada?

- **Ser diferente**. Contar con ventajas competitivas que te separen del promedio. No importa el tamaño de la compañía, sino que el servicio y producto sorprendan al cliente y se distingan.

- **Visión y foco.** Todas estas organizaciones se mantienen fieles a una visión y cuidan no desviarse de ella. Su expansión y crecimiento se da cuando la refuerzan, pero nunca inician nuevas aventuras fuera de esta. Ven al mundo y a sus no consumidores como la fuente inagotable de crecimiento. Sus líderes son apasionados por hacer que las cosas sucedan. Aquellos negocios o actividades que no son parte de la visión se contratan por fuera o se eliminan para mantenerse enfocados, pues su pasión es ser los únicos y mejores en su categoría.

- **Pensamiento global.** No importa si son pequeños o grandes negocios, siempre ven al mundo como fuente de inspiración e ideas y, al mismo tiempo, como amenazas reales a su mercado. Ser global es pensar en la expansión fuera de la geografía en donde operas. Si estás en una pequeña ciudad, el salir a una grande, si estás en una región, ser nacional, y si eres nacional, intentarlo en algún otro país.

Cuidar solamente tu parte del mercado es un riesgo, pues tendrás muchas amenazas y no podrás demostrar tus habilidades en otros entornos comerciales. El pensamiento global ayuda a compararte con las mejores prácticas mundiales y a tener esas referencias como metas de corto plazo. El pensamiento global es una actitud que te ayuda a ser mejor y único.

- **Innovación.** Crear o morir es una frase que escuchamos muy seguido. La innovación es el factor más importante del mundo moderno, significa diseñar el futuro y estar en cambio constante. El mayor reto de la competitividad es ofrecer a clientes y consumidores productos o procesos de negocio diferenciados y creativos que tengan un valor para ellos. Los avances en las tecnologías alteran el mundo de los negocios y solo sobrevivirán las compañías que estén en perpetua transición y velocidad de cambio tecnológico y humano.

- **Enfocarse en el futuro.** Estas empresas siempre están evaluando escenarios posibles y estudiando los impactos y las oportunidades de los cambios tecnológicos, las tendencias y hábitos del cliente. Son las primeras que ven el futuro y lo aprovechan para convertirlo en nuevos productos y servicios. Su radar de lo que sucede en el mercado es muy sensible y tienen una capacidad de cambio rápida.

- **Retener y atraer talento.** El elemento que hace la diferencia en las organizaciones es el talento, y las empresas admiradas están obsesionadas con atraerlo y retenerlo. Para ello, establecen procesos internos y estructuras que hacen muy atractivo el trabajo y, por lo tanto, se quedan con los mejores. Su cultura busca a personas con gran curiosidad intelectual, flexibles y abiertas al cambio; con alta autoestima, orientadas a resultados y revolucionarias. Sus sistemas de compensación e incentivos son innovadores, utilizan la tecnología como herramienta para lograr una mejor calidad de vida, estableciendo horarios flexibles y trabajo desde casa cuando es posible.

- **Cuidar el ambiente y tener responsabilidad social**. Estas organizaciones se caracterizan por cuidar de la comunidad y del medioambiente en donde operan. Los clientes y empleados sienten una mayor lealtad hacia ellas porque reflejan, a través de sus acciones, señales de buena administración. Son empresas que buscan un equilibrio entre la obtención de ganancias, la conservación del entorno y ser un buen empleador. Generalmente, este balance origina un círculo virtuoso de mayores utilidades.

Un buen ejercicio para nuestras compañías sería revisar estas siete características y calificarnos del uno al diez, donde diez representa la mejor empresa que conocemos y uno la peor. También es importante considerar la evaluación deseada tomando en cuenta que algunas de estas cualidades pueden tener mayor impacto en nuestro negocio y obtener así la brecha de oportunidad: establecer la distancia que hay entre el lugar en el que actualmente estamos y al que queremos llegar. Este procedimiento nos ayudará a detectar las áreas donde es mayor la brecha entre lo que somos y lo que deseamos.

Cuadro 4.4 **Evaluación para empresas admiradas**

Características	CALIFICACIÓN		
	Actual	Deseada	Brecha
Ser diferente			
Visión y foco			
Pensamiento global			
Innovación			
Enfocarse en el futuro			
Retener y atraer talento			
Cuidar el ambiente y tener responsabilidad social			

Fuente: Elaboración propia.

Una reflexión final que nos ayudará a mejorar es preguntarnos qué haríamos si tuviéramos que cerrar una de las brechas que se han mencionado, ¿cuál elegiríamos por ser la que más impacta al negocio y, por lo tanto, su implementación es la menos complicada?

Una empresa que no sea lo suficientemente innovadora desaparecerá del mercado de una u otra forma, solo será cuestión de tiempo. Peter Drucker decía: «Lo que tienen en común todos los emprendedores con éxito que he conocido no es un determinado tipo de personalidad, sino un compromiso con una práctica sistemática de innovación».

El futuro es incierto y difícil de predecir, pero la decisión de cómo competir es solamente nuestra. Competir por el presente o por el futuro: *performance gap* versus *opportunity gap*.

> No hay que innovar para competir, hay que innovar para cambiar las reglas del juego.
>
> **David O. Adeife**

Principios básicos para una transformación

CAPÍTULO 05

> Las especies que sobreviven no son las más fuertes ni las más inteligentes, sino aquellas que se adaptan mejor al cambio.
>
> **Charles Darwin**

Como en toda receta, los ingredientes son una parte fundamental; sin ellos no tendría sentido cocinar o dedicar tiempo al proceso. Tanto los ingredientes como su calidad juegan un papel esencial en el resultado final.

Estas premisas tan fáciles de entender en el mundo de la cocina se olvidan con frecuencia dentro de la dinámica de las empresas. Dedicamos mucho tiempo a establecer la visión, las estrategias, los planes de trabajo, métricas, etcétera, y poco a revisar los elementos básicos para una exitosa implementación.

Podemos tener el mejor proyecto estratégico, olvidarlo en el asiento de un avión y a la persona que lo encuentre no le serviría en absoluto. Esas «recetas» requieren ingredientes clave, y sin ellos la competencia no podría hacer nada.

Estos principios para una transformación tienen que ver con el liderazgo porque sin él, difícilmente se logran los objetivos. Dicho de otra forma, no vale la pena invertir en un gran proyecto si no se tiene al líder adecuado.

Recuerdo que cuando recibía alguna propuesta innovadora y atractiva me preguntaba si el líder que la presentaba tendría la capacidad de generar el cambio y de manejar la resistencia natural hacia cualquier proyecto nuevo. Intentaba no mostrar mi entusiasmo para así cuestionarlo como lo harían los más reacios a las nuevas ideas.

Me sorprendía mucho que las buenas ideas carecieran de líderes apasionados que vendieran sus iniciativas con argumentos cautivadores. Apoyar buenos proyectos que están en manos de líderes malos es una pérdida de tiempo y de energía.

La obsolescencia del conocimiento ocurre rápidamente. En la actualidad, muchas carreras profesionales pierden vigencia, o dicho de otra forma, los títulos profesionales deberían tener fecha de caducidad. Vemos egresados muy jóvenes formados en carreras arcaicas que difícilmente se incorporarán a la fuerza de trabajo formal. Por otro lado, hay jóvenes con nuevas habilidades y actitudes que están dispuestos a contratarse por un tercio del salario de un ejecutivo que cuenta con años de experiencia, y este círculo está originando una gran brecha de competitividad en las empresas.

«Yo» como creador de valor

Cada individuo debería pensar en sí mismo como una empresa en la que para estar vigente se necesita crear continuamente valor: innovar, transformar o morir. Muchas no se dan cuenta de que uno de sus mayores riesgos está en perder la flexibilidad de reinventarse todos los días a través de su gente. Si no cuantificamos el valor que genera cada individuo, su evaluación de desempeño y sus recompensas se darán por factores subjetivos.

Hay personas que ofrecen mucho valor y hay otros que restan en lugar de sumar; estos últimos deberían estar fuera de la organización, pero no sabemos realmente quiénes son porque no tenemos una métrica para identificarlos. Sabemos de muchos empleados que buscan atender y retener a los clientes, pero también de algunos que hacen todo lo contrario. Estos provocan la pérdida del activo más valioso: los clientes, y mientras no los ubiquemos serán un cáncer que se irá expandiendo.

Déjenme darles uno de los muchos ejemplos que vemos a diario. Hace años me ocurrió una situación en el mostrador de una línea aérea de la cual era cliente frecuente porque viajaba más de una vez por semana. Al llegar mi turno me indicaron que traía unos kilos de exceso de equipaje y que tendría que pagarlo o no podría viajar.

En ese momento mi tiempo era limitado, por lo que solicité un trato especial y el supervisor apenado me mostró un documento de la empresa firmado por el director de Finanzas que decía: «Quien no ejecute esta política será cesado de inmediato». Cuando fui a pagar a otra fila por el exceso de equipaje había unas diez personas más.

Al llegar mi turno, la persona que me atendió me dijo que no sabían de esta carta, por lo que no había más personal para agilizar el cobro; incluso, cuando solicitaron el apoyo de otros empleados no lo obtuvieron porque su director tenía un programa de austeridad. En resumen, perdí el avión y la línea aérea a uno de sus mejores clientes. Lo que más me llamó la atención es que el director de Finanzas fue promovido meses después.

En la aerolínea sabían lo que se genera por cobro de exceso de equipaje, pero no tenían ni idea del costo por pérdidas de clientes y lealtad a su marca. Estoy seguro de que este fue superior al de la contribución de este director de Finanzas, además de promover una cultura negativa de miedo a perder el trabajo.

Ese directivo no debería estar en la empresa, pero fue promovido con base en sus métricas. Las compañías están lejos de imaginar que suelen tener mucha gente así. Yo los llamo «los colados» porque logran sobrevivir mucho tiempo y generalmente son ascendidos, a pesar del gran daño que hacen. Podemos clasificar a las personas en las que agregan valor, las que restan, las que dividen y las que lo multiplican.

Entre más grande es una compañía mayor es el efecto de lo que logran. Si la organización es pequeña y la persona resta o divide su efecto se nota, pero cuando es grande no son tan visibles, pues en las dimensiones de la estructura se disimulan o se pierden entre los demás.

Si una compañía no crea valor, desaparece. Y si la empresa es su gente, debería pasar lo mismo. Si alguien no aporta valor lo mejor es que no pertenezca a la organización. Así de fácil. Si cada uno nos percibiéramos como empresa deberíamos evaluarnos periódicamente para analizar si avanzamos o estamos retrocediendo en la creación de valor.

Califiquemos del uno al diez la creación de valor individual para los siguientes conceptos y como empresarios ayudemos a nuestro personal a mejorar día a día, pues de ello dependerá su progreso a largo plazo.

- **Aprendo continuamente.** Dedico tiempo a adquirir nuevas habilidades que compensen la obsolescencia del conocimiento.
- **Desarrollo gente y soy un buen *coach* o consejero**. Si el liderazgo es el recurso más limitado ¿qué estoy haciendo para formarlo?
- **Trabajo colaborando**. Siempre estoy dispuesto a apoyar y a dar servicio.
- **Me adapto al mundo cambiante**. Estoy abierto a nuevas ideas y soy promotor activo del cambio (o quizá soy de los que se resisten o restan).
- **Busco constantemente nuevos proyectos** y asignaciones que mejoren mis habilidades.

- **Soy el mejor promotor de mí mismo** y del valor que puedo generar o estoy esperando a que los demás lo adivinen.
- **Tengo cuantificado lo que genero de valor**. ¿Me parece razonable?, ¿doy más de lo que recibo?

A mucha gente que ha perdido su trabajo le propongo esta reflexión, y cuando ven los resultados me dicen: «¿Por qué la empresa tardó tanto tiempo en despedirme?».

Imagen 5.1 **«Yo» como creador de valor**

Fuente: Elaboración propia.

La evolución del mundo nos presentará muchas oportunidades, pero al mismo tiempo amenazas. Vivimos en un entorno donde el cambio y la velocidad requieren de talento flexible, un mundo globalizado y desigual en oportunidades para la gente, uno que no cuenta con recursos naturales ilimitados, que está contaminado y dañado de manera irreversible, donde la gente quiere paz y huye de la violencia, un mundo que demanda líderes con responsabilidad social para llevar a cabo los procesos de transformación en sus empresas, ciudades y países.

No hay duda de que existe una escasez de líderes que sean agentes de cambio. Hagamos esta reflexión: si en nuestras manos estuviera la asignación del presidente que liderará nuestro país ¿a quién elegiríamos? ¿tendríamos por lo menos a cinco candidatos que nos convenzan de hacer un gran papel? Les aseguro que difícilmente los encontraríamos. Supongamos que recibimos de herencia una gran empresa, hagámonos la misma pregunta: ¿a quién pondríamos al frente?

¿Por qué esta dificultad para responder? El ser humano es un animal de hábitos, una vez que los adopta es muy difícil que los cambie. Seguimos haciendo lo mismo a pesar de que muchas fórmulas ya no funcionan.

Nos aterra el cambio porque nos genera un estrés que amenaza nuestra salud. «Cambiamos solo cuando el dolor es tal, que el cambio es inevitable». Esta premisa es válida para la vida del individuo, para la empresa y para los países; pero el hombre tiene un elemento que lo distingue del resto del reino animal, y es la voluntad para romper esos hábitos y costumbres.

Los tres principios básicos para iniciar una transformación son los siguientes, y tenemos que analizar si contamos con ellos o no, porque si no los tenemos las probabilidades de fracaso son muy altas.

   a. Seleccionar al líder.
   b. Invertir la pirámide: «el único jefe es el cliente».
   c. Tener un equipo de dirección de alto desempeño.

a. Seleccionar al líder

La tarea más importante, y a la vez más dura, es la de encontrar, reclutar y entrenar líderes. Para seleccionarlos lo primero que debemos hacer es escribir el perfil que deseamos, con la claridad de lo que esperamos del negocio bajo el mando de ese nuevo líder.

Si esta tarea no la hacemos o la hacemos mal, tendrá grandes repercusiones. Un error de contratación confunde a la organización y atrasa el proceso de cambio uno o dos años solo para probar, en el mejor de los casos, y uno o dos años para volver a tomar el rumbo.

Pensar en el puesto y no en la persona adecuada es un error que cometemos con frecuencia. Encontrar líderes es difícil porque ellos nunca están buscando trabajo, a ellos les sobra, es el trabajo el que los busca.

La cultura de muchas organizaciones no atrae líderes, pues su enfoque es mantener la estabilidad. Los líderes quieren acción, no estabilidad. Los líderes buscan flexibilidad, innovación y retan al sistema; muchas veces hasta son catalogados como rebeldes.

Cuando vemos una empresa admirada quisiéramos que la nuestra se convirtiera en una, pero en realidad no estamos dispuestos a desmantelar lo que hoy tenemos para llevarla del punto A al B. Transformarla implica cuestionar muchos de los procesos y generalmente hacer cambios en los equipos directivos, ya que muchos de estos elementos no están preparados para el cambio ni apoyan estos esfuerzos.

Recuerdo cuando llegué a Monterrey como líder de Gamesa, en 1996. Iniciamos entonces un proceso de transformación a partir de una visión que implicaba deshacernos de muchos negocios de integración vertical que distraían recursos y tiempo, y nos dirigimos hacia donde en realidad estaban nuestras oportunidades y ventajas competitivas.

El resultado fue una empresa más simple y con 40 % menos empleados, gracias a ello logramos crecer en forma acelerada tanto en ventas como en ganancias. Sin embargo, retirar a más de 4000 personas no fue una tarea fácil, una decisión de tal magnitud siempre conlleva riesgos.

No hay transformación sin dolor, y hago énfasis en esta palabra porque generalmente se nos olvida. Ir ajustando la empresa a las condiciones del mercado implica corregir brechas que se han dejado abandonadas por mucho tiempo y actuar velozmente. Siempre habrá gente que no crea y no quiera ser parte del cambio, y a la que debemos retirar oportunamente y con gratitud.

Romper paradigmas implica ver con otra óptica las cosas, competir para ser mejor es totalmente diferente a competir para ser único.

En todo proceso de cambio el líder es aquel que te lleva a donde no te atreverías a ir solo. Un líder tiene que inspirar y entender que en toda organización hay tres grupos de personas: 1) una minoría (10 a 20 %) que apoya abiertamente el cambio y que será el principal soporte del proceso; 2) otra minoría (de igual magnitud) que no apoya el cambio y que generalmente no se expresa públicamente. El daño que causa este grupo es mayúsculo, pues resta mucho valor y confunde la dirección; y finalmente 3) la gran mayoría que está esperando a ver cuál de estos dos equipos será el vencedor para entonces unirse a él.

Un líder tiene que apoyarse en sus agentes de cambio para tratar de convencer lo más rápido posible a los detractores, y si no lo consigue en un tiempo corto, debe prescindir de ellos lo más pronto posible. Hay tantas oportunidades en una transformación que el tiempo perdido vale oro y aquellos que no quieran ser parte del sueño no deberían pertenecer a él.

Hagamos una reflexión sobre una experiencia por la que casi todas las organizaciones han pasado. Cuando hay un ajuste importante de gente nunca me ha tocado que la empresa sufra o deje de atender a sus clientes, generalmente las cosas están mejor.

Preguntémonos entonces: ¿qué hacía ese 10, 15 o 20 % de gente que ajustamos y que ahora parece no necesitábamos?, ¿habrá otro tanto igual o mayor que se quedó?, ¿qué necesita un líder para competir en el mundo? Saber liderar exitosamente en un entorno VUCA (*volatility, uncertainty, complexity, ambiguity*).

Antes de contratar a un líder deberíamos establecer las cinco o siete competencias requeridas para implementar con éxito la estrategia, y si fuera para el puesto de director general, estar seguros de que tiene las habilidades de ver y anticiparse al futuro, de ser un apasionado por el desarrollo de talento, de crear organizaciones empoderadas y ágiles y de que sea capaz de modelar y preservar la cultura.

Con base en mi experiencia, he identificado siete competencias con las que podríamos evaluar a los equipos de liderazgo. Cada empresa podrá definir las suyas, pero mientras lo hace, creo que estas representan un excelente comienzo.

Anualmente preparábamos un plan de desarrollo para cada persona, utilizando su evaluación de competencias y la retroalimentación del estudio 360° que determina, de forma anónima, la opinión de sus subordinados, compañeros de trabajo y líder al que reporta.

Nunca he visto a un ejecutivo con altas calificaciones en las siete competencias. Es por ello que cuando tenemos que contratar a un líder debemos pensar en las habilidades que requiere el puesto, en las áreas en las que estamos débiles y en cuáles ayudará a complementar al equipo directivo.

Si no tenemos un modelo de competencias al momento de contratar, el riesgo es terminar empleando por empatía a gente muy parecida a nosotros. Cuántas veces preguntamos a un directivo sobre los resultados de una entrevista y nos indica: «Muy bien, hicimos química, somos muy parecidos. ¡Cuidado! porque detonar cambios y realizar una transformación sin una cultura diversa e incluyente es muy difícil. A continuación, las siete competencias sugeridas:

1. **Pensamiento estratégico y de futuro.** Es la habilidad para pensar y actuar en forma planeada y analítica, viendo hacia adelante, y poder traducir los propósitos en planes de acción.

   Hay mucha gente que se dedica a revisar el pasado, lo cual se ve en el tiempo destinado a juntas de trabajo. Hay otros que están tan preocupados por el futuro que solo ven el pasado para tomar aprendizaje y pasan de inmediato a discutir acciones y planes a largo plazo. Bill Gates siempre decía que su empresa corría el riesgo de desaparecer en dos años, y este pensamiento lo llevaba a concentrar su tiempo en discutir el futuro y no en obsesionarse con el pasado. Una compañía tan valiosa como Microsoft podría morir si no ofrecía nada nuevo al siguiente año, es por eso que el enfoque a futuro es clave.

2. **Excelente ejecución/confiabilidad.** Es la habilidad para hacer que las cosas sucedan en calidad y tiempo como fueron planeadas, sentido de urgencia, disciplina, balance entre corto y largo plazo, enfrentar la realidad y hacer ajustes.

3. **Experiencia.** Entender cómo funcionan los múltiples procesos del mundo de los negocios ayuda a acortar el camino y a minimizar tropiezos. Posiblemente esta es una de las pocas competencias que se pueden ver en un currículum a detalle.

4. **Un líder que inspira.** Un líder motiva y crea una atmósfera que invita a la gente a querer ser parte del equipo; establece altas expectativas con una visión simple de entender que motiva a seguirla. Un líder dirige tanto con la cabeza como con el corazón, y crea relaciones genuinas basadas en la confianza y la apertura.

5. **Autoconfianza y sensibilidad a la cultura.** Un líder se conoce a sí mismo y es sensible a distintas culturas y personas. Son individuos que conocen el impacto que tiene su estilo, sus valores y sus conductas sobre otros. Saben pedir consejo, tienen curiosidad intelectual, tienen buen instinto, poseen habilidad para trabajar en entornos diversos y preservan los valores y la dignidad de las personas.

6. **Desarrollan talento.** Dan retroalimentación constructiva y accionable, además de ayudar a la gente con nuevos retos y experiencias. Dedican tiempo a las personas y funcionan como *coaches*. Se atreven a tomar decisiones difíciles. Identifican el potencial y trabajan para desarrollar el talento.

Siempre tienen dos o tres reemplazos para ellos y eso mismo esperan de toda la organización.

7. **Carácter.** Saben manejar la presión del trabajo y logran que la gente los respete y admire. Tienen una fortaleza emocional que les permite enfrentar la adversidad con realidad y optimismo hacia el futuro. Tienen pasión, coraje, humildad, sentido del humor y viven los valores de integridad, confianza y apertura. Confrontan temas difíciles en una forma honesta y existe congruencia entre lo que dicen y lo que hacen.

Si estas competencias u otras que definamos no están claras y no se evalúan, difícilmente podremos llegar a ser una empresa admirada. Cuando pregunto a empresarios sobre estas habilidades y les pido que piensen si esto es lo que quieren de un líder, la respuesta es un sí contundente. Posteriormente, les pido que califiquen a su equipo del uno al diez y al final revisamos los resultados. Para mi sorpresa, siempre hay más reprobados que sobresalientes.

b. Invertir la pirámide: «el único jefe es el cliente»

Durante miles de años los seres humanos hemos rendido culto a quienes ostentan el poder. Muchos de estos puestos son heredados o asignados por el líder que se retira; esto sucede también en sistemas de gobierno como la monarquía o en algunas empresas familiares y públicas.

El líder elige, premia, promueve y destituye a su equipo, lo cual nos lleva a una conclusión: todos estamos a su servicio. Esta sensación de poder proporciona un gran placer a los líderes y se transmite a todos los niveles de la organización. Basta con ver cómo es el trato que brindan los empleados de oficinas de gobierno a los ciudadanos. Esta conducta no es más que la imitación de sus superiores.

En las compañías decimos que el cliente es primero, pero les propongo que hagan el siguiente experimento. ¿Cómo reaccionaría un empleado que se encuentra atendiendo a un cliente si en ese momento le dicen que tiene una llamada del presidente de la empresa?, ¿se atrevería a decir que no la puede tomar en ese momento porque está ocupado con una persona o ayudando a un subordinado? Esta pregunta la he hecho al segundo nivel de una organización y, en casi todos los casos, indican que dejarían todo por tomar la llamada del presidente, sin importar con quien estén.

Otro experimento que pueden hacer es llamar a cualquier departamento que no sea Ventas y hacerse pasar por un cliente que quiere un servicio. Háganlo marcando a la Dirección General y se sorprenderán de las respuestas. Yo lo he hecho muchas veces y he recibido contestaciones como las siguientes: «Está usted hablando a la Dirección General». Y yo pienso: «Excelente, pues usted es quien mejor me puede ayudar». Y entonces la conversación sigue: «Por favor hable a Ventas». «¿Podría transferirme a Ventas?», pregunto. «No tengo la extensión, hable nuevamente al conmutador». Con base en este tipo de respuestas y conductas sabremos si la empresa está verdaderamente orientada al cliente.

Esta forma de liderazgo podría funcionar cuando no se tiene competencia en el mercado o cuando se tiene una gran ventaja competitiva como ser un monopolio, por ejemplo. Como clientes tratemos de reclamar a un monopolio empresarial o de gobierno. Las reglas son impuestas por ellos y ninguna queja procede, ya que saben que el consumidor no tiene otra opción de servicio.

Recuerdo que durante un viaje al mundial de Sudáfrica, mi esposa dejó su teléfono celular encendido en la habitación del hotel, y no lo usó durante un par de días. Al llegar a México nos encontramos un cargo de 600 dólares, y la respuesta fue que como el teléfono tenía internet automático el cargo era correcto: así de simple. Esta compañía decidió que no estaban violando ninguna de sus reglas, solo se encargan de no ser claros y de que los clientes no nos enteremos. Intenten hacer un reclamo a la Comisión Federal de Electricidad y verán que es casi imposible porque, como consumidores, no tenemos otra alternativa para sustituirla.

Afortunadamente el mundo se ha globalizado e internet ha permitido que el cliente se fortalezca y sea quien decida si es leal a un producto o servicio. Este nuevo poder amenaza a todas las compañías, y aquellas que no logren ajustarse a este cambio de paradigma tarde o temprano morirán; es solo cuestión de tiempo. Los paradigmas son las razones que hacen que la gente se resista al cambio y a las nuevas ideas. Son reglas que establecen límites y nos hacen sentir confortables; cualquier idea que rebasa estos parámetros la ignoramos o rechazamos.

En 1930 nace la fotografía electrostática, invento que rechazó comercializar Kodak por no tener la calidad de imagen que su premisa dictaba. Lo que no advirtieron es que esa tecnología fue el principio de la fotocopiadora. En 1968 los relojes suizos de maquinaria dominaban el mercado. Un suizo inventó entonces el reloj de cuarzo, pero su idea fue rechazada por no ser convencional; así que fue aprovechada por una empresa japonesa (Seiko) y la historia relojera cambió para siempre.

En 1960 la leyenda «Hecho en Japón» significaba imitación, mala calidad y barato. En América no los vieron como competencia y el paradigma se transformó en innovación, excelente calidad. No romper paradigmas y rechazar los cambios en el entorno es una garantía de fracaso. No podremos ser una empresa admirada si el líder no rompe paradigmas, con todas sus implicaciones, y entiende que «el cliente es el único y verdadero jefe». Se dice fácil, pero hacer que esta premisa suceda implica una gran transformación al interior de la empresa.

Sam Walton logró en muy poco tiempo ser líder en el comercio porque tuvo una sola idea: ahorrarle dinero a la gente con el propósito de que viviera mejor. Ningún comerciante se atrevió a cambiar las fuerzas de poder del jefe hacia el consumidor; Walmart lo hizo y ahí está el resultado.

Recuerdo una de mis asignaciones al frente de Gamesa, teníamos serios problemas y las ventas estaban disminuyendo por muchas razones, pero principalmente porque los precios no reflejaban lo que el consumidor estaba dispuesto a pagar. A pesar de ello, el director de Finanzas nos indicó que teníamos que volver a subir precios. La gente que me reportaba, con muchos años de experiencia en la compañía, me pedía instrucciones, a pesar de que yo llevaba ahí solo un par de semanas.

En una ocasión, cuando salí a comer, me encontré en un semáforo a una señora muy pobre pidiendo limosna y a su hijo de ocho años comiendo un producto de nuestra empresa. Me quedé pensando en la propuesta de seguir subiendo precios a la gente que representaba la mayoría de los consumidores de nuestros productos. Recuerdo que le di a la señora el equivalente de un billete de veinte dólares y le pedí que por favor no se fuera, pues quería filmarlos más tarde.

Seguro no entendió qué pasaba, pero en la tarde grabé un mensaje para los 14 000 empleados de la empresa en el que me presenté, hablé de mis valores y mis creencias. Les expliqué el momento difícil que estábamos viviendo y compartí el siguiente mensaje que habría de romper el paradigma.

«Ustedes pensarán que yo soy el jefe de esta empresa, pero quiero decirles que a partir de hoy el único jefe se llama Juanito y es este niño, su mamá y millones de personas que, como él, son nuestra única razón de ser». Les mostré que la mamá era una gran consumidora: más de cuatro productos nuestros por semana, y también les enseñé la casa de techo de lámina en donde ambos vivían. Enseguida pregunté: «¿Ustedes creen que la mamá de Juanito puede pagar un aumento de precios?»; posteriormente, les mostré mis oficinas, enormes y elegantes, y seguí con la reflexión: «¿Creen que pueden y deben pagar estas oficinas y la gran sala de juntas que no usaré porque estaré en las calles y las fábricas con ustedes?» Luego, los llevé a las fábricas y les dije: «¿De verdad creen que todos estos desperdicios de materiales los puede pagar la mamá de Juanito?».

A partir de ese momento se gestó un gran cambio en la organización y la gente encontró formas de ahorrar para evitar el aumento de precios. A pesar del gran recorte de personal que tuvimos que hacer, los empleados entendieron que la decisión era para preservar y cuidar nuestro activo más importante: los consumidores.

Decir que «el único jefe es el cliente» es un buen eslogan, pero implica cambios profundos. En primer lugar, tenemos que invertir la pirámide de la organización para que ahora los «jefes» pasen a la parte baja y sean quienes sirvan al personal de línea, y este a su vez al consumidor.

Imagen 5.2 **El consumidor, nuestro único y verdadero jefe**

Fuente: Revista *Gamesa en acción*, portada de julio de 1996.

Desde la infancia aprendimos que los que ostentan el poder económico son los que mandan, tienen empleados o sirvientes. Al llegar a las empresas esperamos lo mismo, pero con este cambio de paradigma ahora seremos nosotros los que daremos servicio al personal de línea, ellos nos evaluarán y seremos entrenadores o *coaches*. Parece una locura, pero créanme, romper este paradigma crea una gran ventaja competitiva porque no muchos se atreven a ello.

Una compañía tradicional tiene muy claro los centros de poder en la cúspide, la gerencia está muy alejada de la línea y de los clientes, hay una baja satisfacción en el trabajo, la organización es lenta, muy costosa y los consumidores están insatisfechos.

¿Por qué es tan difícil cambiar y convertirse en una empresa enfocada al cliente?

Primero porque hay que ceder el poder, y esto implica una nueva forma de pensar. El tiempo del líder cambia de dar órdenes a ser un entrenador. El enfoque de la organización se dirige hacia el exterior y eso significa que los indicadores y las métricas de desempeño más importantes serán las del cliente y no las financieras.

Nadie está en contra de que la compañía genere ganancias, pero ¿cómo hacerlo siendo congruentes con la premisa de que «el único y verdadero jefe es el cliente»? La «pirámide del bienestar» es un concepto muy poderoso y ayuda a la empresa a enfocarse para no perder el mensaje fundamental.

Imagen 5.3 **Pirámide del bienestar**

Fuente: Elaboración propia.

Si queremos ser una empresa admirada debemos clavar esta pirámide en su base para que no se mueva y que siempre aparezca en la cúspide el consumidor - cliente.

Lo que normalmente sucede es que el líder está jugando al malabarismo con la pirámide. El accionista ocupa el puesto de jefe; los empleados constantemente demandan mejores sueldos y compensaciones, y al final, está el cliente, el que menos se queja y suele ser el más afectado porque la organización está centrada en complacer a los otros dos elementos de la pirámide.

¿Cuántas empresas colocan al accionista en la cúspide y afectan al cliente adjudicándose comisiones excesivas, aumentos de precios para cubrir ineficiencias y poniendo exigencias para otorgar un servicio?

Hay otras empresas que ponen al colaborador en la cúspide y generalmente lo hacen porque tienen ventajas competitivas fuertes que les permiten mantener muchas ineficiencias o simplemente trasladan al precio sus crecientes costos. El mejor ejemplo de ello son los gobiernos que aumentan sus impuestos para poder seguir manteniendo una burocracia incompetente; para ellos la opinión del cliente - ciudadano es irrelevante.

c. Tener un equipo de dirección de alto desempeño

Este tercer principio se refiere a tener un equipo de dirección comprometido, preparado, alineado, motivado y eficiente. Si estas personas no tienen las competencias y actitudes correctas, debemos empezar por ahí. Arrancar sin los colaboradores adecuados es perder el tiempo. Lo vemos claro en el mundo del deporte y para la empresa no es diferente.

El principal rol de un líder es construir un gran equipo y para ello requiere tiempo y dedicación. El líder que no tenga dentro de la organización a dos o tres reemplazos potenciales para su puesto no está desarrollando talento. Esto es un síntoma de que su enfoque de liderazgo está orientado al poder. Hay muchos líderes que renuncian a sus puestos sin tener un sustituto; me pregunto si merecen llamarse líderes o simplemente jefes.

Hay otro paradigma que debemos dejar de lado: ¿quién es mi equipo? Cuando hacemos esta pregunta invariablemente la gente piensa en su área de influencia o en el grupo bajo su cargo. Este pensamiento convencional nos lleva a tener una compañía funcional, pero fragmentada, pues los equipos se autoprotegen y llegan en lo individual a tener sus propias culturas.

Pensemos que la respuesta a esa pregunta es: mi equipo es aquel que me ayuda a que la empresa sea exitosa. De inmediato cambiaría todo. Las actitudes de poder se reemplazarían por las de colaboración, el director de Finanzas sabría que sin la cooperación de los equipos de Ventas y Manufactura no lograría sus objetivos de vender más a un menor costo.

Bajo este nuevo paradigma preguntaría: ¿en qué los puedo ayudar para que su trabajo sea más eficiente?, ¿qué tipo de reportes y con qué frecuencia los necesitan? El equipo de Logística y el de Ventas buscarían mejorar la respuesta al cliente e integrarían otras funciones para lograr el éxito como unidad.

Esto que parece tan simple no sucede porque cada área ve al grupo con una óptica pasada. Saben que bloqueando a otro equipo tendrán más posibilidades de ser reconocidos y, por lo tanto, usan la información para demostrarle al «jefe» lo mal que los demás hacen su trabajo y así continuamente.

Cuántos jefes se comunican uno a uno (en forma de estrella) generando desconfianza entre los miembros del grupo. Este estilo da un gran poder al líder, pero produce «enanos» en su organización, ya que al mantener el monopolio de la información las personas lo necesitarán siempre para tomar decisiones.

La mejor forma de reconocer a este tipo de líderes es preguntarnos: ¿cuántos reemplazos para su puesto están listos? Si la respuesta es cero, debemos pensar seriamente si debe permanecer en su puesto, ya que su responsabilidad número uno es el desarrollo de talento. Esta filosofía debe permear en toda la compañía, pues la única razón de contratar gente competente y con habilidades extraordinarias es para propagarlas al interior.

¿Quién es la persona que mejor puede evaluar a un líder? La que está bajo su responsabilidad, ya que es quien puede hablar del apoyo, motivación y entrenamiento que ha recibido. En las entrevistas del personal que renuncia la causa número uno siempre tiene que ver con el jefe. La gente es atraída por buenos jefes y se va por los malos. Dicho de otra forma, si tenemos buenos líderes podemos entrar en un círculo virtuoso porque atraerán a los mejores y así sucesivamente.

Para hacer un diagnóstico claro de cómo está funcionando un equipo directivo se pueden organizar desayunos de ocho a diez personas de varios niveles; es importante dejarlas hablar sobre sus aspiraciones, sus familias o temas de interés, y al final preguntarles acerca del equipo de dirección y solicitarles algunas recomendaciones para mejorar. Es increíble la claridad con que pueden dar ideas concretas.

Otra opción puede ser aplicar una encuesta anónima a todo el equipo para saber cómo se sienten acerca de temas como la comunicación, la colaboración, la confianza, el respeto, el liderazgo de grupo, el alineamiento y el nivel de compromiso.

Cuadro 5.1 **Encuesta de equipos efectivos** (ejemplo)

	PROMEDIO	1 2 3 4 5 6 7 8 9
1. Tenemos una visión, misión y valores comunes	**8.4**	0 0 0 0 0 0 2 0 5
2. Respetamos las agendas de los demás	**7.0**	0 0 0 1 1 2 2 3 2
3. Tenemos una actitud de colaboración y apoyo sin fronteras funcionales	**7.4**	0 0 0 0 1 1 4 3 2

Fuente: Elaboración propia.

Posteriormente, hay que reunirse con el equipo y generar una discusión sobre los resultados. Observen no solo la calificación, sino los puntos donde hay más dispersión, intentando profundizar en ellos. Este es un síntoma de falta de alineamiento y mientras no se cierre la brecha de dispersión será muy difícil avanzar en acciones para erradicar ese punto.

Todas las recomendaciones para mejorar en cada tema se anotarán, de tal forma que al final puedan concluir con las cinco o seis reglas más importantes que, si se mejoraran, harían que el equipo fuera más efectivo y aumentaría la confianza entre sus miembros. Anexo como ejemplo una lista de cinco reglas que establecimos con uno de mis equipos.

1. **Espíritu de equipo.** Buscamos el objetivo común por encima del bien individual. Apoyamos y llevamos a cabo los compromisos que establecemos. Nos divertimos juntos.

2. **Respeto las agendas, tiempos y acuerdos.** Acatamos los tiempos establecidos por el equipo en las fechas señaladas, fomentando con ello la confianza entre los compañeros.

3. **Respeto a los otros.** Tratamos a los demás como nos gustaría ser tratados, respetando ideas y opiniones. Nunca hablamos mal de un miembro del grupo ni toleramos que otros lo hagan.

4. **Comunicación asertiva (escuchar/participar).** Abordamos los asuntos de manera objetiva y directa, con apertura a los diferentes puntos de vista, respeto y participación. Damos retroalimentación inmediata y directa. Nos basamos en los hechos, no en las opiniones. Nos enfocamos en las cosas, no en las personas.

5. **Actuamos lo que decimos.** Nos conducimos con integridad y congruencia con los valores que predicamos.

Poner en una tarjeta, por escrito, estas reglas y llevarlas dentro de la cartera será muy útil. La parte de atrás puede ser de color amarillo para que cuando alguien esté violando uno de los preceptos se la mostremos. Recuerdo que cuando una persona hablaba mal de un miembro del equipo que no estaba presente, de inmediato sacábamos esta tarjeta amarilla.

Se sorprenderán al ver que, al final, estas papeletas las terminan utilizando muchos otros equipos de trabajo, pues la fuerza de un buen ejemplo es más poderosa que las palabras.

Todos los grupos tiene rituales o normas que ayudan a mejorar su funcionamiento. Es importante definirlos y pueden anotarse en otra tarjeta para traerlos siempre con nosotros. Algunos ejemplos son:

• la puntualidad es muy importante;
• nos divertimos y ponemos música al inicio de las juntas;
• reconocemos los logros de la empresa con una fuerte ovación;
• brindamos y festejamos cuando hay muy buenos resultados;
• creemos en la retroalimentación individual y grupal;
• valoramos y fomentamos la integración de nuestras familias;
• siempre nos apoyamos como equipo.

En el siguiente capítulo iniciaremos la travesía para llegar a ser una empresa admirada. En este vimos que, como en toda receta, la calidad de los ingredientes es esencial y por ello necesitamos a) un líder adecuado, b) hacer del cliente el jefe y c) tener un equipo de alto desempeño.

Un líder es alguien a quien sigues a un lugar al que no irías por ti mismo.

Joel A. Barker

CAPÍTULO 06

Modelo de transformación

No sigas el camino, ve
por donde no hay vereda
y deja huella.

Ralph Emerson

Queda clara la importancia que un líder debe dar a la agenda del futuro, la del talento y la cultura. Las preguntas que siempre nos haremos son: ¿cómo hacerlo?, ¿por dónde comenzar?, ¿qué comunico?, ¿cómo lo hago?, ¿generaré más incertidumbre al cambiar mis rutinas repentinamente?

Cambiar una empresa es muy complejo, pues dependerá de su tiempo de existencia, de su solidez en el mercado, del ciclo en el que se encuentran sus productos, sus procesos, talento y estilo de liderazgo. Por el contrario, a un nuevo emprendedor le será muy fácil iniciar con una hoja en blanco.

Hay compañías que, ante la dificultad del cambio, deciden formar otra paralela con una estructura, liderazgo y cultura muy diferentes, y cuya visión es encontrar nuevos caminos o mercados alternos para lo que hoy hacemos, con la consigna de «autodestruirnos antes que lo haga la competencia». Existen muchos ejemplos de ello, como Telmex, una empresa mexicana que se fundó en 1947 y era manejada por el gobierno hasta su privatización en 1990. Los que tenemos memoria recordamos la burocracia que tenía cuando era pública, ya que había una larga lista de espera para tener acceso a una línea telefónica.

Diez años después de su privatización, Telmex tenía aproximadamente 16 millones de líneas fijas y decidió formar una nueva empresa, América Móvil, para dar servicios de telecomunicación en México y Latinoamérica; once años después, América Móvil, con más de 300 millones de usuarios, se fusionó con Telmex. Esta es una historia de cómo la nueva compañía terminó siendo el futuro de un emporio de telecomunicaciones a nivel mundial.

En mi vida profesional tuve la oportunidad de conocer a grandes pensadores que revolucionaron la forma de hacer negocios como Michael Porter, George Steiner, Jerry Porras y Michael Hammer, además de mentores y mucha gente a la que guardo gratitud.

Todos ellos aportaron algunas teorías o pensamientos que entrelacé para crear un proceso ordenado de transformación que me permitiera ponerlos en práctica; lo bauticé como el proceso VOC, palabra formada por las iniciales de los conceptos **visión**, **organización** y **cultura**. La alineación de estas tres nociones al final también se vincula con los tres temas más relevantes para cualquier líder en esta época: anticiparse al futuro, atraer y desarrollar talento y modelar la cultura.

Tuve la oportunidad de aplicar mi proceso durante seis asignaciones diferentes, desde la formación de un negocio hasta grupos que superaban las 70 000 personas con múltiples negocios y diferentes geografías. Miles han sido testigos de este proceso y de las transformaciones que se logran en tiempo récord. Describiré muy brevemente algunos casos, pero estoy seguro de que muchos lectores recordarán bellos momentos y varios de gran reto.

En 1982 México tuvo una crisis financiera que nos llevó a una devaluación de la moneda del 72 %. En ese entonces trabajaba como vicepresidente de Desarrollo de Ventas en Sabritas, empresa líder que resintió la pérdida de poder adquisitivo del consumidor. En el mercado existía una categoría muy fragmentada de golosinas, chicles y chocolates que, a excepción de Ricolino (de Bimbo), se distribuían por los canales de mayoristas y la exhibición de los productos estaba en vitrinas con poco acceso de los consumidores.

Entre 1985 y 1987 creamos una línea de productos y una nueva marca llamada Sonric's, que unió a más de veinte fabricantes (inclusive invertimos en las fábricas de algunos) y con la cual empezamos una continua innovación que sorprendió al mercado. En menos de tres años teníamos la posición de líderes en productos infantiles, y estábamos muy apoyados por la comunicación del programa de televisión dominical En Familia con Chabelo y por 3000 camionetas dedicadas a esta labor. Aquí aplicamos por primera vez el proceso VOC y los resultados en crecimiento, retorno de inversión y satisfacción de los que colaboraban en este sueño fue enorme.

Imagen 6.1 **Una nueva línea de golosinas**

Fuente: *Pasaporte*, periódico de la División Dulces de Sabritas.

El resultado obtenido motivó a PepsiCo a comprar una posición mayoritaria dentro de Gamesa –empresa de Monterrey propiedad de la familia Santos– en sociedad con Nabisco. En 1996 llegué a trabajar a dicha compañía como director general, e iniciamos el proceso VOC que implicó enfocar nuestra visión únicamente en «productos horneados» y en vender todo aquel activo que apoyaban (Gerber, harinas marca selecta, fábrica de aceites, dulces y golosinas, entre otras), aunque eso no era un factor fundamental.

En tres años Gamesa fue reconocida por PepsiCo como la mejor empresa a nivel mundial con el premio del fundador, Donald F. Kendall Award 2000, que se volvió a ganar en años posteriores.

Cuadro 6.1 **Nueva Gamesa**

FASE 1	**FASE 2**	**FASE 3**
Alinear la visión **¡Crearla!**	Alinear la organización **¡Llevarla a cabo!**	Transformar la cultura **¡Vivir los valores!**
1996 - 1998	1997 - 1999	1997 - 2000

Fuente: Elaboración propia.

En 2002 tuve la asignación de liderar en PepsiCo el negocio de alimentos en Latinoamérica, y aplicamos el mismo proceso VOC con gran éxito, rompiendo las fronteras de nuestra geografía, atrayendo talento y operando como un solo equipo con una visión inspiradora. Para 2005 sumaron a mis responsabilidades la división de bebidas, y en los tres años que estuve al frente, antes de dejar de la compañía, empleamos los mismos principios en un mercado complicado con un competidor muy consolidado y dominante.

Imagen 6.2 **PepsiCo Latinoamérica**

Fuente: Strategic framework guideline for PepsiCo LAR.

En 2011 me invitaron a dirigir el Tec de Monterrey, una gran institución sin fines de lucro cuyo propósito de orden superior es la «formación que transforma vidas», y de la cual me retiré en 2020. Con mucho entusiasmo iniciamos el proceso VOC con un gran equipo y acompañados por varios consejeros, obtuvimos resultados espectaculares. Destaco dos de ellos: para 2010, la QS Word University Rankings nos ubicaba como la universidad 387 del mundo, en 2020 nuestra posición subió a la 158.

Una de las mayores fortalezas de las universidades es la calidad de sus alumnos, y esto implicaba abrirnos al mejor talento sin importar su nivel socioeconómico; para ello creamos el programa Líderes del Mañana que becaba con el 100 % a estudiantes brillantes que no contaban con recursos económicos. En 2012 aceptábamos al 85 % de los aspirantes que aplicaban al Tec, y para el 2019 solo a un 60 %.

Imagen 6.3 **Proceso VOC (Tec de Monterrey)**

**ALINEAR
LA VISIÓN**

- Visión
- Diferenciadores
- Estrategias
- Iniciativas
estratégicas

**ALINEAR LA
ORGANIZACIÓN**

- Organización
basada en procesos,
orientada a los
públicos que
servimos.

**ALINEAR
LA CULTURA**

- Valores
- Transformación
cultural

Fuente: Plan Estratégico 2020. Tec de Monterrey.

Tecmilenio fue el ejemplo de una transformación única en el mundo. Esta joven universidad, emanada del Tec de Monterrey, atendía a un sector de menores ingresos. En 2011 contaba con 40 campus, 30 000 estudiantes y unas finanzas muy débiles. El equipo de liderazgo tenía el reto de diferenciarse de más de 3000 instituciones en México. Plantearon una visión única que transformaría la manera de abordar la educación en el mundo y fue la de ayudar a las personas a encontrar su propósito de vida y darles las competencias pertinentes para alcanzarlo.

Esta visión los llevó a buscar a los pioneros de la Psicología Positiva para crear el primer Instituto de Ciencias de la Felicidad –actualmente Instituto de Ciencias del Bienestar Integral–, y durante los siguientes años restructuraron la universidad cerrando diez campus y modificando la cultura, enfocándose en el propósito de vida y en el bienestar. Con esto se logró un crecimiento espectacular. En julio 2017, Martin Seligman, padre de la Psicología Positiva, declaró a Tecmilenio la primera universidad positiva en el planeta y hoy es una de las diez mejores de nuestro país, según lo publicado en la guía universitaria.

Para una organización nueva el modelo VOC parte de cero y su implementación es más sencilla. Para una en operación solo se deberán tomar las piezas que, a su juicio, sean más relevantes y hacer un plan de uno a cinco. Hay que recordar que las empresas y su cultura son como las huellas. Únicas.

Imagen 6.4 **Ecosistema de bienestar y felicidad Tecmilenio**

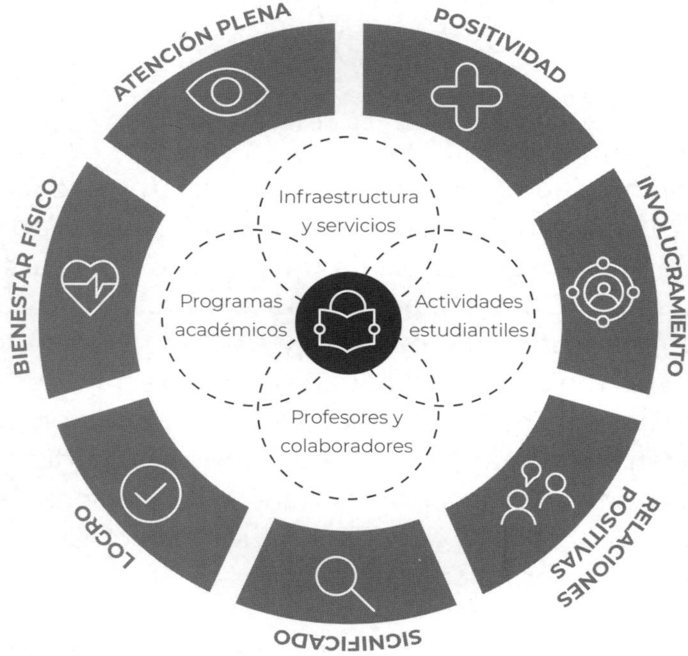

Fuente: Plan Estratégico de Tecmilenio.

Hay empresas con buenas ventajas competitivas, que solo requerirán tener las estrategias adecuadas para conservarlas e ir ganando otras. Las hay rentables, pero con un mal clima laboral, por lo que tendrán que trabajar en su cultura. Otras son lentas y burocráticas, y algunas más presentan conflictos internos porque las métricas no están alineadas entre la gente. Hay organizaciones que no logran crear esa pasión y motivación entre sus colaboradores que les permita ganar mercados, y otras tienen una gran debilidad en sus cuadros de reemplazos y formación de líderes.

El proceso VOC es muy simple en su concepción y puede comunicarse con mucha facilidad para que sea entendible por la mayoría, además de ser aplicable en cualquier tipo y tamaño de empresa. Los programas y la velocidad de cada compañía los determinarán sus líderes y cada uno será un traje a la medida. Si partimos de las prioridades del líder nos daremos cuenta de que estas tres fases del proceso VOC son una buena manera de organizar y llevar a cabo la transformación.

Cuadro 6.2 **Prioridad del líder y proceso VOC**

PRIORIDAD DEL LÍDER	PROCESO DE TRANSFORMACIÓN
Alinear el futuro	Alinear la visión
Atraer y desarrollar talento	Alinear la organización
Modelar la cultura	Alinear la cultura

Fuente: Elaboración propia.

La primera fase del proceso de transformación es **alinear la visión**, que inicia con una idea de negocio que se plasma en papel; posteriormente, se pasa a una visión o propósito que resume la intención, luego se definen aquellas ventajas competitivas o diferenciadores que nos harán únicos frente a los demás.

Lo que da valor a una organización son esos elementos diferenciadores a los que denominamos ventajas competitivas. Una forma muy simple de identificarlas es reflexionando lo siguiente: si yo comprara esta empresa ¿qué es lo que estaría adquiriendo?, ¿qué es lo valioso que la caracteriza?, ¿por qué me interesa?

Hay empresas farmacéuticas que tienen medicinas de patente y, por lo tanto, su ventaja competitiva es su centro de investigación. Hay restaurantes cuya ventaja competitiva es la localización y su innovación continua del menú. Apple es una de las compañías más valiosas del mundo y se distingue por su capacidad de innovación tecnológica, por su marca, su sistema de comercialización, las líneas de sus productos, entre otros.

En el caso de Apple vemos que hay varios diferenciadores y la suma de estos es lo que la vuelve aún más valiosa. En una compañía de productos de consumo, seguramente sus marcas serán la ventaja competitiva número uno, la producción a bajo costo o la velocidad de respuesta al cliente. En el caso de una pastelería pudieran ser sus recetas, la calidad de sus ingredientes, su costo-valor, etcétera.

La otra pregunta que debemos hacernos es si nuestras ventajas competitivas son sostenibles en el largo plazo o, dicho de otra forma, ¿qué tan rápido pueden ser imitadas? Si la respuesta es un lapso menor a seis meses, entonces podemos decir que son diferencia-dores débiles; si por el contrario, el tiempo es mayor, la posición competitiva produce un gran valor.

¿Qué pasa cuando tenemos una o varias ventajas com-petitivas? Generalmente podemos establecer un mejor precio, margen, crecimiento y, en consecuencia, mayo-res rendimientos y valor de la empresa ante terceros. Una vez que las definimos hay que diseñar estrategias para cada una y tener en cuenta que deben orientarse a crear otras o a reforzar las existentes. No perdamos de vista que son los diferenciadores los que dan el va-lor a la empresa.

Convertir las estrategias, y sus métricas, en planes de acción será el último paso antes de iniciar la imple-mentación o ejecución. Esta fase de alinear la visión es fundamental para cualquier negocio, debido a ello su complejidad es baja y por lo tanto su potencial de utilidades es menor. Es la etapa más común en los ne-gocios, la parte racional y mecánica.

Ejecutar la estrategia es el gran reto, y es justo aquí en donde las organizaciones empiezan a diferenciarse. El 70 % de los fracasos no están relacionados con una mala estrategia, sino con una mala ejecución; menos del 10 % de las estrategias formuladas con eficacia son ejecutadas con éxito.

La puesta en marcha requiere de organizaciones pre-paradas para ello. Generalmente las que existen son jerárquicas, con una división del trabajo fragmentada, lentas, inflexibles, costosas, con gente desmotiva-da y, lo más grave, ahí el cliente es invisible. En 1776, Adam Smith estableció muchos de los principios que rigen los procesos administrativos de hoy en día, y es increíble como en el siglo XXI seguimos administrando empresas con un pensamiento del siglo XVIII.

Contestar a un cliente el teléfono después de tres tonos es un problema, ya que sus expectativas de valor y servicio se modifican diariamente. Cuando le damos algo nuevo lo acepta, pero el día de mañana espera algo más. Simplemente es insaciable.

La segunda fase del proceso para ser una empresa admirada es **alinear la organización** o, dicho de otra manera, hacer realidad la visión. En el libro *Reingeniería de la corporación* (1994), de Michael Hammer y James Champy, los autores muestran las ventajas y la metodología para crear una organización por procesos desde la perspectiva del cliente.

A pesar de que este «nuevo» pensamiento tiene 29 años, la mayoría de las empresas sigue operando de forma funcional. Cambiar el paradigma y transformar una organización para enfocarla en procesos lleva mucho tiempo porque implica cambiar conductas, sobre todo la más importante: ceder poder del jefe al cliente.

La complejidad en la implementación de esta fase origina que sean menos del 10 % las empresas que operen bajo una organización por procesos centrada en el cliente. Quienes lo logran se vuelven rápidos, flexibles, eficientes, confiables y con gente muy motivada. Las utilidades que se producen aumentan considerablemente y es aquí donde la compañía comienza a ser única.

La última fase del proceso VOC es la más compleja, pero también la que tiene un potencial mayor de utilidades: **alinear la cultura**, que se traduce en vivirla. La dificultad de esta etapa radica en la modificación de comportamientos humanos, con el propósito de crear una organización donde la innovación y el cambio constante sean parte de las labores, donde los empleados aporten ideas para mejorar los procesos y servicios al cliente; donde todos busquen eliminar lo que no aporta al consumidor y los valores se vivan con tal intensidad que la empresa se vuelva única.

La innovación es el ingrediente más importante en la nueva economía; es mejorar o crear algo nuevo a partir de elementos existentes. Por ejemplo, la rueda fue inventada hace más de 3000 años y no fue sino hasta 1960 cuando a alguien se le ocurrió incorporarla en el equipaje. Fue una novedad conformada a partir de elementos existentes, y hoy difícilmente compraríamos una maleta sin «rueditas».

Por otro lado, el número de empresas que logra dar poder y autonomía a su gente alineando todos sus sistemas de reconocimientos y compensaciones en forma variable es tan limitado que se vuelve una de las ventajas competitivas más fuertes que existen. Las compañías que logran vivir sus valores y su cultura con intensidad, orgullo y pasión crecen a mayor ritmo que sus competidores, son más rentables y generalmente entran a la categoría de «admiradas».

Aquí es donde encontramos organizaciones enfocadas en el cliente y no en el jefe, centradas en el equipo y no en el individuo, con disciplina antes que improvisación, y donde las personas operan como emprendedores y no como empleados.

El trabajo en estas compañías es más desafiante porque, además de que hay mayor complejidad en los puestos, se opera con mucha autonomía y la innovación y diferenciación son parte central de lo que se espera de todo individuo, sin importar lo simple que sea su labor. Por ejemplo, un trabajador de limpieza puede encontrar formas más eficientes o proponer equipos o materiales que lo ayuden a hacer mejor sus actividades, al contrario de una organización tradicional en donde solo se siguen instrucciones.

Un proceso de transformación total requiere de los tres componentes del proceso VOC: trabajar en la visión y estrategia, en la organización y en la cultura. Supongamos que una empresa implementa la fase de alineamiento de la visión y obtiene utilidades base cien. Cambiar la organización a procesos centrados en el cliente la puede llevar a 150-250 y alinear la cultura la llevará más allá de los 300. Estamos hablando de cambios cuánticos, pero se requieren ajustes importantes en la forma de hacer negocio.

Cuadro 6.3 **Proceso VOC. Complejidad versus beneficios esperados**

PROCESO DE TRANSFORMACIÓN	COMPLEJIDAD	BENEFICIOS ECONÓMICOS
Alinear la visión	Media	100
Alinear la organización	Alta	150-250
Alinear la cultura	Muy alta	+300

Fuente: Elaboración propia.

En última instancia, para un líder y empresario lograr trascender y dejar una huella será su mayor satisfacción si decide iniciar un proceso de transformación total. «Elegir es renunciar», esta frase me acompaña todos los días y constantemente me preguntan qué haría si tuviera que escoger solo algunas modificaciones críticas para lograr un cambio efectivo en una empresa, ¿cuáles serían?

Concentrarnos en construir ventajas competitivas

Si no contamos con diferenciadores sostenibles en el largo plazo, la empresa tarde o temprano morirá, pues alguien encontrará la manera de producir y ofrecer el mismo servicio en una forma más económica. Cuando no existen estas ventajas, la lucha por ganar clientes será por precio, y los márgenes de rentabilidad se verán deteriorados.

Muchas empresas llegaron a tener ventajas competitivas que les dieron una posición financiera muy buena, pero que posteriormente perdieron. Sin embargo, los accionistas, especialmente en las organizaciones familiares, atribuyen los malos resultados al líder. Se enfocan en buscar un culpable sin darse cuenta de que a través del tiempo fueron apareciendo nuevos competidores que los superaron y así abandonaron aquella posición de pioneros o innovadores.

Tener ventajas competitivas es fundamental. Si una compañía carece de ellas cuenta con dos opciones: a) buscarlas lo más rápido posible, ya sea adquiriendo a un competidor o desarrollándolas internamente o b) ofertarse lo más rápido posible con alguien que le pueda dar valor al negocio, buscando que las sinergias o beneficios que se obtendrán se compartan en el precio de venta.

Hay diversas maneras de crear ventajas competitivas cuando un producto no está diferenciado. Entre ellas tenemos las siguientes:

- cárteles de producción, cuyo objetivo sea limitar la oferta para mantener precios y márgenes altos como la Organización de Países Exportadores de Petróleo (OPEP) y el mercado de diamantes (controlado por muy pocos fabricantes);
- consolidación de la industria a través de la adquisición de la competencia, de tal forma que la escala se convierta en una ventaja competitiva.

Sin embargo, para tener una empresa admirada como Apple, Amazon, Disney o Netflix requerimos que nuestros diferenciadores proporcionen productos y servicios que sorprendan al consumidor o al cliente por su extraordinario valor, y no simplemente por una posición dominante de mercado.

Cuando estos diferenciadores sirven para tomar una ventaja sobre el cliente - consumidor, se suscita un malestar grande, y aunque esto es rentable para los accionistas, la imagen de la organización se deteriora.

Organizaciones rápidas

Las empresas que no se muevan con rapidez tarde o temprano morirán, pues perderán clientes y llegarán al mercado después de sus competidores; mientras más grande es la compañía el reto de responder velozmente es también mayor.

Para el emprendedor pequeño lograr flexibilidad y velocidad es más sencillo, y en este sentido ya tiene una ventaja competitiva contra la empresa grande. Para conseguir velocidad hay que dar el poder a la gente de línea. Ellos deberán tener la capacidad y las herramientas que les permitan tomar la mayor parte de las decisiones que afecten a clientes y consumidores. El rol de todos los niveles de una organización que no son de línea será el de facilitadores de procesos y sistemas de información, para que los de línea puedan responder a los clientes con rapidez.

Un negocio que quiera adquirir velocidad tiene que basar su organización en los distintos procesos del cliente, y las «funciones» (finanzas, recursos humanos, etcétera) serán las facilitadoras de estos procesos.

El rol del líder: de jefe a facilitador

Este es un paradigma tan difícil de cambiar que, de lograrlo, se alcanzará una ventaja competitiva significativa. La parte más difícil es aceptar que la gente que está debajo de nosotros en el organigrama evaluará nuestro liderazgo, pues quién mejor que ellos para saber si estamos cumpliendo con nuestros roles de entrenadores, facilitadores o líderes.

El consumidor - cliente es y será el único y verdadero jefe

Darle el poder al cliente es la única forma de aspirar a ser una empresa admirada, pues solo él nos juzgará y nos premiará con su lealtad.

En una organización tradicional, el líder busca a toda costa estar por delante de la competencia, pero en una organización admirada el objetivo es hacer a la competencia irrelevante. Ver al consumidor - cliente nos permite enfocarnos en cautivarlo, ganar su lealtad, entenderlo y sorprenderlo. Estar pendientes de la competencia solo posibilita ser mejor que ella bajo la óptica de lo que hacen, pero sin la visión del consumidor. Son pequeñas diferencias, pero muy significativas en los resultados a largo plazo.

¿Cómo podemos lograr que estos cuatro temas de transformación que acabamos de abordar se den en una forma articulada y coherente, minimizando los riesgos que toda transformación lleva implícitos? No olvidemos los retos de este proceso, y menos los principales motivos por los que algunos fallan: no anticipar los cambios en el consumidor y en la tecnología, ser arrogantes y tener exceso de confianza, no ser capaces de poner en marcha la transformación y administrar de forma inadecuada dicho proceso.

Perdemos demasiado tiempo mirando hacia atrás. Camina hacia el futuro abriendo nuevas puertas y probando cosas nuevas; sé curioso porque nuestra curiosidad siempre nos conduce por nuevos caminos.

Walt Disney

CAPÍTULO 07

Anticipar el futuro. Alinear la visión

Visión es la habilidad de ver más allá de lo que otros ven.

Para mantener o crear un negocio hay que tener claridad sobre a dónde queremos ir y cómo queremos llegar ahí. Todo proyecto nace de tratar de dar solución a un problema, o de una oportunidad que no existía en el mercado. Normalmente se origina de la falta de un servicio por parte del líder de un segmento específico o de algún producto que no existe.

Los fundadores de Skype, Niklas Zennström y Janus Friis, originarios de Luxemburgo, notaron un alto costo en las llamadas telefónicas de larga distancia y en 2003 desarrollaron un *software* que facilitara las conversaciones en el mundo en forma casi gratuita. Fue tal su éxito que, tres años después, eBay adquirió su empresa por 2.5 billones de dólares.

¿Por qué ninguna de las grandes compañías de comunicaciones vio esta oportunidad?

En mayo de 2007 Coca-Cola adquirió Vitamin Water por 4.1 billones de dólares, una productora de bebidas fortificadas de sabores. Fue fundada en 1996 por Darius Bikoff y cubría una necesidad no ofrecida por la mayor empresa de bebidas del mundo.

Esta compañía vendió 350 millones de dólares en 2006 y le pagaron once veces el valor de sus ventas. ¿Por qué estos altísimos precios de compra?, ¿por qué una organización con la infraestructura tecnológica y humana de Coca-Cola no pudo desarrollar un producto que Bikoff creó con menos de un millón de dólares?

Hay varios ejemplos de emprendedores que no estaban en la industria, pero que vieron que el líder no ofrecía un servicio diferenciado a muchos segmentos de no consumidores. Generalmente, los líderes de un segmento determinado crean una miopía alrededor de su éxito, reforzada por todos los elementos de su organización. Sucede lo mismo que en un huracán, los que están «en el ojo» no perciben la turbulencia e incertidumbre. Existen muchos ejemplos de organizaciones amenazadas que ni siquiera se dieron cuenta de por dónde habría de llegar su competencia.

Hay una frase de Alfred de Musset que dice: «Lo realmente importante no es llegar a la cima, sino saber mantenerse en ella». Cuando alguien encuentra una oportunidad y tiene éxito, en ese momento todos quieren el nuevo mercado; surge una especie de envidia natural. Si el que generó la idea no establece una estrategia y un modelo de negocio diferenciado, terminará perdiendo parte de él. La historia muestra que los que acaban siendo líderes de un segmento son aquellos que están observando el mercado, que ven en los emprendedores su mayor fuente de conocimiento y experimentación. Cuando descubren un éxito temprano lo estudian y adoptan, en algunos casos buscan comprarle al pionero antes de que sea tarde y su tamaño lo haga muy caro.

Comúnmente, una empresa madura tiene su base de negocio en un grupo de clientes muy leales a ella cuyo consumo es muy alto, se denominan *heavy users* o clientes distinguidos, especiales, AAA, etcétera. Estos son en realidad el sustento económico porque, aunque solo representan entre el 10 y el 20 % de toda la base, generan entre el 60 y el 80 % del total de utilidades. Lo increíble es que pocas veces están claramente identificados y, por lo tanto, no se les ofrece un servicio diferenciado.

Cuántas veces somos testigos de un mal servicio en un mostrador o en un centro de llamadas y por más que expliquemos a quien nos atiende lo leales que somos a la marca nos tratan con indiferencia. Es en ese momento en el que se pierde a los clientes, cuando se espera una diferenciación o un trato especial y el consumidor se da cuenta de que solo es uno más de la lista.

Si una compañía no pone al cliente como lo más importante y lo demuestra con su actitud y ejemplo todos los días, terminará siendo una empresa normal, pero nunca una admirada por sus consumidores. Perder, ganar o conservar usuarios debe ser el motor de crecimiento de cualquier empresa. Y como todos estamos en ese negocio deben existir métricas muy precisas. Generalmente las organizaciones definen su mercado meta, compiten y buscan quitar clientes a sus rivales. La métrica es la ganancia de participación de mercados, y mientras se resten puntos a la competencia el balance es positivo.

Dentro de esta filosofía, lo que se busca es cómo ser un poco mejores que la competencia. Estamos luchando para serlo, pero en última instancia lo hacemos en las mismas dimensiones y a largo plazo, y esto es un gran error.

El riesgo más grande para cualquier compañía es volverse un *commodity* o un servicio no diferenciado que cualquiera ofrezca. El más eficiente en precio será el ganador del mercado, pero la rentabilidad de esa industria será poco atractiva. Cuando aparece un competidor que se fija en los clientes insatisfechos o que simplemente no ve a esa industria como su opción, desarrolla nuevas alternativas e, inclusive, nuevos modelos de negocio. Cuántos de estos son exitosos porque observaron al consumidor y decidieron competir para ser únicos.

El Cirque du Soleil, fundado en 1984 por Guy Laliberté, es el mayor circo del mundo. Su éxito se basa, en parte, en el hecho de atraer a una población adulta que no asistía a ver este tipo espectáculos. Así fue como Ringling Brothers and Barnum & Bailey Circus perdió su lugar de líder, aun cuando su fundador decía: «Eso no es un circo» (refiriéndose a su competidor). El creador del Cirque du Soleil replicó: «Eso es irrelevante. Es lo que la audiencia quiere que sea. Es el Soleil».

Hay un segundo nivel que se niega a consumir lo que la industria ofrece y aunque ve al producto/servicio como alternativa no opta por este. Hay un tercer nivel de no consumidores que jamás ha considerado lo que la industria ofrece. Una empresa admirada tiene que ver al consumidor como su único y verdadero jefe y, por lo tanto, siempre estar alerta a cuidar y ganar nuevos clientes como el elemento de mayor valor.

Alinear la visión es el proceso mediante el cual una organización visualiza su futuro y desarrolla los procedimientos y las acciones necesarias para hacer de ese futuro una realidad. Consiste en poner en blanco y negro lo que significa el negocio, el por qué existimos, qué queremos ser, la propuesta de valor al cliente, su visión, las ventajas competitivas que lo diferenciarán, las estrategias que lo soportarán, el plan de juego, los programas de acción que enfocarán la ejecución, etcétera.

Alinear a todos los colaboradores de una empresa pequeña o grande es esencial, y mientras más claro y simple el mensaje, mejor será. Si con el tiempo la gente no puede repetir en forma espontánea los fundamentos o la visión de la empresa será indicativo de un mal trabajo de comunicación o de que los mensajes han sido muy complejos.

La regla número uno es que la visión y la estrategia sean comprendidas por el colaborador del nivel escolar más bajo, pues en las empresas se espera la aportación de todos los miembros para el logro de los objetivos.

Imagen 7.1 **Alineando e implementando la visión**

VISIÓN — ¿Por qué existimos? Propuesta de valor, ¿qué queremos ser?

VENTAJA COMPETITIVA — ¿Qué nos asegura que llegaremos?

ESTRATEGIAS — ¿Qué dirección seguiremos? Nuestro plan de acción

PROGRAMA / EJECUCIÓN — ¿Qué, quién y cuándo? Lo que necesitamos hacer

BALANCED SCORECARD — Medir y enfocar la estrategia

Fuente: Elaboración propia.

En la pirámide anterior podemos observar los cinco elementos que se requieren para alinear una visión. Revisaremos cada uno para dar ejemplos y recomendaciones prácticas y sencillas.

Cómo se crea una visión

La visión es una frase corta que inspira a una organización en lo que intenta y quiere llegar a ser. Es una propuesta de valor extraordinario que genera compromiso con el cliente, de excelentes productos y servicios, así como para ser una gran empresa. Es una imagen mental que parte de la imaginación para darnos dirección y buscar un sueño; una guía para tomar decisiones que nos permitan alcanzarlo; inspira a trabajar para lograrlo y da enfoque y claridad sobre el futuro deseado.

En el libro *Built to Last*, referido en el capítulo 04, Porras y Collins mostraron que las compañías con visión generaron, en el largo plazo, seis veces más utilidades que aquellas que no tenían una o que la cambiaban según su conveniencia.

El papel número uno de un líder es hacer realidad la visión, y por ello es él quien tiene que encabezar el proceso de construirla y conseguir que refleje una posición única y distintiva. Para ello, puede recurrir a un pequeño grupo (no mayor a diez personas, idealmente cinco o seis), conformado por elementos de su equipo directivo, consultores especializados o miembros del consejo.

Este proceso no es democrático, pero requiere un grupo diverso que aporte diferentes puntos de vista. Algunos pueden ser expertos de la industria en la que se compite o tener una perspectiva global; otros pueden plantear hipótesis para la discusión.

Es importante contar con un facilitador que regule la discusión y permita mantener la mente abierta de todos los miembros que participen en este proceso. No es recomendable que este rol lo cubra el líder, pues las discusiones se podrían sesgar a su favor.

La visión final tendrá que ser una propuesta de valor y se convertirá en la razón de existir de la organización; tendrá que ver con el cliente o canal que se desea atender y con la necesidad o solución a cubrir. No se recomienda poner en la visión al accionista o al empleado, pues además de extenderse, pierde la esencia de centrarse en la propuesta de valor y en los clientes. Si la visión es adecuada, tanto accionistas como empleados se beneficiarán de ella.

Debemos entender que al crear una empresa siempre lo hacemos para obtener una recompensa económica a través de una propuesta de valor, y es esto precisamente lo que debe ser el enunciado de la visión. Elegir es renunciar. La parte esencial de una visión es también precisar lo que no queremos ser. Al definir una visión distintiva y clara también elegimos en dónde no queremos competir; esto permitirá a la empresa enfocarse.

Muchas compañías no tienen una visión explícita y ni la quieren, porque escribirla y publicarla los llevaría a elegir y a dejar muchos negocios en el camino. «Hacer feliz a la gente» es una visión de Disney, implica una gran cantidad de opciones, pero al mismo tiempo limita la entrada a muchos negocios buenos. Nadie les propondría comprar una marca de zapatos, pero sí un estudio cinematográfico o uno de televisión.

Debemos intentar poner en una frase nuestra visión y tener cuidado de que no termine por describir lo que ya somos. Cuando elaboramos la visión de la empresa de productos horneados que dirigí, construimos la siguiente: «Ser la opción favorita del consumidor en productos horneados en México». Saliendo de la reunión comenté con el director financiero la gran cantidad de trabajo que tendríamos, pues habría que limpiar la empresa de más de veinte sociedades y distintos negocios: producción de harinas, empaques, aceites, botellas plásticas, distribuciones de otros productos, etcétera. La reacción a mi comentario fue el temor a perder ventas, ya que estas ayudaban a cubrir los gastos fijos.

Sin embargo, en los años siguientes redujimos el tamaño de la compañía de manera significativa, tanto en gastos como en ingresos. Nos cuidamos de vender bien los negocios sobrantes y como resultado mejoramos los márgenes de utilidad en más del doble; el flujo de efectivo que hasta entonces no veíamos, comenzó a llegar. Pudimos usar una parte para invertir en la mejor tecnología mundial y posicionarnos como la opción favorita, lo cual era la parte central de la visión.

Lo que en realidad hicimos fue darnos cuenta de que si seguíamos con tantos negocios en los que no teníamos ventajas competitivas terminaríamos muriendo por ser muy vulnerables. En lugar de alargar la visión, la acortamos para poder concentrarnos en ser los mejores en nuestra actividad primordial: los productos horneados; lo que nos llevó a renunciar a muchas otras cosas.

En general, suelen haber muchas barreras psicológicas y pueden cometerse muchos errores cuando se intenta establecer una visión, por ejemplo:

• intentar copiar el éxito de algún competidor actual;
• presionarnos por crecer más rápido que la industria;
• interesarnos por comprar empresas o hacer alianzas;
• poner métricas no alineadas a la visión o fuera de la realidad;
• pretender describir lo que hoy somos en forma más concisa y elegante;
• creer que la visión es ser el número uno o número dos.

Esas son metas, y la visión no es una acción como consolidar la industria, globalizarnos o fusionarnos. Para saber si la que construimos es correcta, debemos hacer una prueba y ver si pasa los siguientes cuestionamientos:

a. ¿Tiene una propuesta de valor al cliente diferente a la de nuestros competidores?

b. ¿Queda claro lo que no debemos hacer?

c. ¿Tiene el poder de modificar las expectativas tradicionales de los clientes?

d. ¿Tiene la capacidad de transformar las ventajas competitivas del mercado?

e. ¿Cuenta con la fuerza suficiente para cambiar las reglas del juego en el mercado?

Para establecer una visión tenemos que ponernos en la óptica del cliente usuario y no usuario y preguntarnos: ¿a qué clientes queremos atender?, ¿son usuarios finales o intermediarios?, ¿qué canales y territorios queremos cubrir?, ¿qué necesidades?, ¿cuál es el precio relativo del producto o servicio? Veamos ejemplos de visiones muy poderosas.

- «Hacer feliz a la gente a través de experiencias de entretenimiento» (Disney).
- «Prácticas e ingeniosas soluciones que ayudan al cliente» (3M).
- «Desarrollar soluciones que mejoren la vida humana» (Merck).
- «Ayudar a las personas y los negocios del mundo a desarrollar todo su potencial» (Microsoft).
- «Cuando la gente esté fuera de casa, sienta que está entre amigos» (Marriott).

Cada una de estas visiones tiene los siguientes atributos:

- el cliente es su razón de ser;
- ofrece una propuesta de valor inspiradora y con oportunidades para crecer;
- establece lo que no quiere ser para no desviarse del camino;

- trabajar en una empresa con propósito es muy atractivo, y para el líder comunicar estas visiones es muy placentero;
- se diferencia de sus competidores al dejar muy claro su intención y razón de ser, comprometiéndose a actuar en congruencia con su visión.

Tener una visión es el punto de partida y esto aplica para una empresa, un país o nuestra vida personal. Una visión da sentido y razón de ser a nuestras acciones. El 25 de mayo de 1961, el entonces presidente de Estados Unidos, John F. Kennedy, lanzó una visión muy poderosa: llevar al hombre a la Luna. Esta idea unió a un pueblo alrededor de un sueño y logró crear una época de desarrollo tecnológico e inventos que disfrutamos en la actualidad, y sin los cuales no concebimos la comodidad de nuestra vida cotidiana.

Esta visión tuvo metas concretas: llevar a un hombre a la Luna y traerlo de regreso a la Tierra antes de que terminara la década de los sesenta. Así, el 20 de julio de 1969 (cinco meses antes de la meta) Neil Armstrong pisó la Luna y enunció la célebre frase: «Este es un pequeño paso para un hombre, pero un gran salto para la humanidad».

Tener una visión parece algo sencillo, sin embargo, existen muchas empresas y países que no cuentan con una o que, si la tienen, nadie recuerda. Hagamos el experimento con una o varias compañías, o en el país donde vivimos, preguntando a la gente: ¿cuál es la visión de México o de la organización donde trabajan?

Nos sorprenderán los resultados y la falta de consenso y alineación. Tener una visión no es una garantía de éxito, pero sí es el primer paso para alcanzarlo, y mientras más simple, inspiradora y distintiva en su propuesta de valor, mejor será.

Crear ventajas competitivas: la razón de ser

La única forma de hacer realidad una visión es que el sueño esté sustentado por ventajas competitivas sostenibles en el largo plazo. De otra manera, solo será una ilusión y buenos deseos.

Una ventaja competitiva es un diferenciador que no es fácil duplicar en el corto plazo, y además da ventaja sobre los competidores: marcas, patentes, sistemas de distribución, productos, cultura innovadora, etcétera. Identificar y hacer visibles estos diferenciadores es el segundo paso que debe dar un líder para empezar a aterrizar una visión.

La visión es un sueño, una propuesta de valor, pero las ventajas competitivas son lo que da valor a una organización. Construirlas o tenerlas debe ser la prioridad número uno, ya que de ellas depende el valor de la empresa.

La gente se confunde mucho sobre lo que es una ventaja competitiva. La mejor forma de identificarla es preguntarnos: ¿en dónde radica el valor de la empresa?, ¿qué estamos comprando de ella?, ¿por qué es admirada?, ¿qué tan rápido pueden copiarla? La respuesta a estas preguntas terminará describiendo sus diferenciadores, y mientras más fuertes sean, más valiosa será.

Veíamos que Apple tiene un valor de tres trillones de dólares. Un precio tan elevado se debe justo a las siguientes ventajas competitivas, y a lo difícil que sería para otro competidor replicarlas:

- Capacidad de innovar y crear nuevos productos a gran velocidad.
- Un sistema de distribución en tiendas propias con un modelo de servicio y entrenamiento en cada local.
- Una tienda virtual de música, aplicaciones y películas que logró crear nuevas fuentes de crecimiento.
- Los mejores equipos de cómputo, líderes en el segmento de alto precio.

Y así podríamos seguir con la lista, y es que no muchas compañías tienen tantas ventajas como Apple. Si estos diferenciadores no son reconocidos por los clientes, pagando precios más altos por ellos y generando márgenes de utilidad superiores, entonces no pueden considerarse como tales.

Decir que las personas son la ventaja competitiva es incorrecto. Lo que debemos encontrar es lo que hace la gente para crearlas y para que el cliente las reconozca y pague por ellas (puede ser un servicio extraordinario, quizá). Todas las ventajas de Apple, y de cualquier otra empresa, fueron creadas por las personas, pero es la propuesta de valor lo que debemos identificar como diferenciador competitivo.

¿Por qué es importante ubicar estas ventajas? Si esto es lo que da valor a una compañía, entonces a lo único que debemos dedicarnos es a reforzarlas o a construirlas; pero si la organización no las hace visibles, ¿cómo trabajaremos en ellas?

Si los ciudadanos de un país no las tienen identificadas, no podrán enfocarse en apoyarlas. Cualquier nación debe basar sus políticas públicas en reforzar sus diferenciadores, pero ¿están identificados?, ¿los tenemos claros?

México tiene varias ventajas competitivas, dos de ellas son el turismo y su plataforma exportadora. No conocerlas y hacerlas visibles propicia que muchos funcionarios entorpezcan las actividades que deberían fomentar. Si preguntamos a un empresario de la rama turística si los que intervienen en el proceso ayudan o entorpecen su función nos sorprenderíamos al ver los bloqueos que existen en su tarea. Para los exportadores, competir con los monopolios del Estado en costos no es de gran ayuda.

Si el país tuviera una visión y claridad en las tres, cuatro o cinco ventajas competitivas que posee todo sería más fácil. Aquel funcionario que atente o entorpezca el apoyo de quien trabaje en alguna de las áreas de los diferenciadores debería ser sancionado, y los indicadores de gestión y premios tendrían que ser para los que las apoyan. Parece magia, pero tener claridad de lo que nos hace valiosos es el paso más importante para hacer una visión realidad en una organización o en un país.

En 2017, José Antonio Fernández y yo escribimos un libro llamado *Un México posible*, y ahí establecimos una visión y cuatro ventajas competitivas para transformarnos, entendiendo que hoy algunas de ellas son débiles. La visión que propusimos para México fue: «Donde hacemos que las cosas sucedan». Y sus principales ventajas competitivas eran cuatro:

a. Talento pujante, comprometido y capaz.

b. Un vibrante espíritu emprendedor.

c. Un gran lugar para vivir, lleno de oportunidades.

d. Un ecosistema amigable para las empresas.

Para comunicar la visión establecimos una marca: «México el país del sí» (donde hacemos que las cosas sucedan).

A nivel individual pasa lo mismo, solo que las ventajas son aquellos dones o fortalezas que tenemos y que generalmente nos hacen felices. Sin embargo, los padres, en lugar de enfocar la estrategia con los hijos y reforzarla, buscan fortalecer sus áreas de debilidad: un error. Cuántas veces ponemos al hijo un maestro de matemáticas porque no le gusta la materia y sus notas son bajas, cuando lo que debemos hacer es contratar a uno de la asignatura en la que va bien, la que le gusta, en la que tiene habilidades para ser el mejor. Esto no implica que deba reprobar matemáticas, pero sí que no esperemos un grado de excelencia en la materia equivocada.

«Menos es más», centrarnos nos permite construir ventajas competitivas. Si analizamos un conglomerado de negocios nos daremos cuenta de que, generalmente, al fragmentarlo tendrá más valor que en su conjunto. La razón es que dentro hay buenos y malos negocios, y la tendencia de los inversionistas, que no entienden la complejidad, es castigar por los problemas de un negocio a todos los demás. En este caso podemos decir que ser un conglomerado no es una ventaja competitiva, pues resta valor a las partes que lo conforman. Se suele valorar en función del negocio dominante o, en ocasiones, del más débil.

En negocios pequeños los diferenciadores también son muy importantes. Supongamos que queremos iniciar una pastelería, lo primero que debemos preguntarnos es: ¿cuál es mi propuesta de valor o qué aporto al mercado?

Pensemos que la oferta de valor, desde el punto de vista del producto, es una serie de recetas de pasteles de mi abuela y quien las prueba queda encantado. Analizo que hay un grupo de no consumidores que regalan pasteles y a los que les gustaría que se los llevaras a su casa.

Con base en lo anterior, la visión podría ser: «Pasteles a domicilio que te encantarán». Hacerla realidad requiere algunas ventajas competitivas. Puedo maquilarlos contratando señoras que los elaboren desde sus casas y así ahorrar muchos gastos fijos. El recibo de pedidos lo puedo subcontratar con una plataforma y la distribución hacerla con motocicletas y comisionistas.

¿Cuáles serían mis diferenciadores en este ejemplo? 1) la marca y lo que significa en calidad y sus recetas y 2) el valor percibido como muy alto respecto a lo que pagará el consumidor, pues el modelo de negocio eficiente en costo permite pasarlo al cliente.

Tener diferenciadores nos permite decidir cuáles son las cosas que quiero y a las que debo dedicarme, y cuáles puedo subcontratar con terceros porque no quiero hacerlas o porque alguien las hace mejor y no quiero desviar recursos económicos y humanos en esa actividad.

Hasta aquí hemos establecido una visión clara y sencilla de comunicar para inspirar a la gente. Tener ventajas competitivas nos hace entender qué es lo mejor que sabemos hacer, lo que nos hace diferentes y a partir de ahí establecer los que llamamos estrategias.

Estrategias que refuerzan las ventajas competitivas

Para hacer realidad una visión hay que contar con diferenciadores. Las estrategias son las acciones o la dirección que debemos tomar para que estos sean una realidad. Por cada ventaja competitiva debemos tener de tres a cinco estrategias, de tal forma que una compañía de clase mundial tenga de diez a quince.

Podríamos hacer una lista enorme, pero intentar alinear a una organización cuando hay más de quince prioridades es una labor muy difícil. Los individuos y las compañías se enfrentan al mercado y al mundo con recursos humanos y económicos muy limitados.

Al establecer las estrategias hay una tendencia a incluir todas las actividades que la compañía realiza –sin importar su relevancia– para cumplir los objetivos establecidos inicialmente; de tal forma que terminamos con una gran complejidad y con el riesgo de perder el enfoque.

Tener claras las ventajas competitivas nos permite establecer estrategias para reforzarlas, y todo aquello que hoy hacemos y que no las fortalece debemos dejarlo o buscar quién lo haga mejor que nosotros.

Al enfocarnos en las ventajas y sus estrategias iremos simplificando la empresa para dedicarnos solo a construir diferenciadores que dan valor y quitar las distracciones que desvían nuestra atención y recursos económicos.

Imagen 7.2 **Proceso de alineación de la visión**

VISIÓN

VENTAJA
COMPETITIVA

ESTRATEGIAS

EJECUCIÓN /
PLANES DE ACCIÓN

Fuente: Elaboración propia.

Pongamos un ejemplo real. Hasta 1880, el consumo de diamantes era muy limitado y estaba restringido a la realeza o a personas muy ricas. En 1930, De Beers, quien hoy controla una buena parte del mercado mundial, lanza una visión: «Crear un mercado masivo para los diamantes».

La ventaja competitiva que desarrollaron fue sembrar en la mente de la gente que los diamantes son la máxima expresión del amor. La estrategia que siguieron fue ponerlos en todas las estrellas y personalidades mediáticas para que las mujeres pensaran: «Yo quiero lo que ella tiene». Los programas de acción para implementar la estrategia fueron:

- educar al comprador creando escuelas sobre el mundo del diamante y los anillos de compromiso;
- crear historias acerca de celebridades y romances que involucraran diamantes;
- construir un mercado masivo a través de las películas y sus estrellas;

- controlar la producción para mantener el precio elevado;
- diseñar su publicidad a partir del eslogan *A Diamond Is Forever* (un diamante es para siempre), que fue acuñado en 1947 y aún sigue vigente.

Los resultados:

- la mayoría de las novias reciben anillos de compromiso con diamantes;
- la inversión emocional se hereda por generaciones.

Este es un gran ejemplo de una visión clara y con enfoque que buscó que los no consumidores de diamantes (la mayoría) los vieran como una opción. Una óptica tradicional hubiera sido seguir con el mercado de la realeza y los millonarios, pero el segmento sería muy inferior en tamaño al que tienen hoy. Una vez que tengamos las estrategias y lo que significan podremos dar el siguiente paso.

Ejecutar la estrategia con programas y métricas

La ejecución es el tema más importante que enfrentan las organizaciones hoy en día. Es uno de los mayores retos del líder y debe ser el elemento fundamental de la cultura en una empresa, sin este no se consigue el éxito. Es el eslabón que une las aspiraciones con los resultados. Ninguna organización puede cumplir sus metas a menos que sus líderes practiquen la disciplina de la ejecución en todos los niveles de la organización.

El proceso estratégico partió de una intuición que se transformó en visión. Pasar de esta a acciones ejecutables es una tarea analítica que representa un gran desafío intelectual, emocional y creativo. Una buena ejecución tiene su complejidad porque se debe tener claridad de las tareas y sus respectivas métricas.

Un alto directivo de una empresa decía que podía dejar extraviado en cualquier lugar su plan estratégico y no le preocupaba, porque ningún competidor (que lo encontrara) tendría las ventajas competitivas y capacidades organizacionales para llevarlo a cabo.

Una empresa admirada debe traducir la estrategia en acciones, para después alinear ambas. Para ello, todos los incentivos monetarios y de motivación, tanto al más alto nivel como al más bajo, deben estar enfilados a las estrategias para que la implementación sea responsabilidad de todos.

Para cada estrategia tenemos que establecer los indicadores o métricas que nos muestren en dónde estamos y a dónde queremos llegar. Supongamos que ponemos solo tres indicadores por estrategia, si tenemos seis habría unos 18 indicadores. En una compañía que tiene exceso de indicadores generalmente se entra en conflicto, ya que pertenecen a distintas áreas, lo que conlleva tener prioridades diferentes.

Alinear una organización con tantas métricas produce conflictos entre la gente, pues cada quien verá el marcador desde la óptica de su trabajo. Por ejemplo, tomemos el caso de un cliente que requiere con urgencia un pedido pequeño. El personal de Logística tiene como objetivo optimizar el costo del transporte y por lo tanto se resistirá a enviar un camión casi vacío.

Por su parte, al equipo de Ventas no le importará si en ese pedido se pierde dinero porque es un gran cliente y su deber es darle servicio. Si la compañía tuviera pocos indicadores que señalan cuáles son primarios y cuáles secundarios, las decisiones serían más simples para todos.

El mayor problema se genera cuando la empresa está dividida en funciones y no en procesos alineados al cliente. En el ejemplo anterior, el del trasporte intentará hacer un cargo a Ventas para que sus números no se vean mal, pero en una organización por procesos este gasto se ve en el valor total que ese cliente da a la compañía, y el servicio especial que se le dio parecerá insignificante contra su volumen total de compra y la lealtad que ganaremos.

Recomiendo hacer el esfuerzo de seleccionar un máximo de diez indicadores de gestión que se puedan denominar de primer nivel. Un buen ejercicio es que el Comité de Dirección tome todos los indicadores de gestión resultantes e intente seleccionar solo diez, bajo el supuesto de que únicamente con ellos se manejará toda la empresa: ¿cuáles seleccionaría?

La gran ventaja de simplificarlos es que se alinea la organización; todos entienden las prioridades cuando existe un conflicto y es posible establecer los sistemas de información y retroalimentación adecuados. Se puede estimular, entrenar y reconocer a la gente y así anclar una cultura de largo plazo.

Cuando una organización establece su visión en función del cliente y define indicadores de gestión para cada estrategia, aparecerán muchos nuevos correspondientes al mercado y a los clientes tales como clientes ganados y perdidos cada semana, reconocimiento espontáneo de marcas, el valor percibido de sus productos y servicios con relación a lo que el consumidor paga, la utilidad por cliente, los índices de satisfacción del trabajo, etcétera.

Lo primero que vamos a encontrar es que, de los diez indicadores seleccionados, habrá algunos que a) no medimos, y en este caso el reto será hacerlo cuidando establecer la frecuencia adecuada; b) otros ya se miden, pero no se les da visibilidad o no son importantes. Aquí el reto es empezar a darles relevancia y alinearlos con reconocimientos, compensaciones, evaluaciones, etcétera; c) también encontraremos que muchos de los que usamos diariamente no son de los diez elegidos, y poco a poco debemos quitarles la importancia relativa contra los que sí los son. Recordemos que la gente hace lo que ve, no lo que se le dice.

Por ejemplo, hay compañías que con el fin de lograr las ventas empujan a sus equipos a cerrar pedidos a fin de mes, aun cuando lo único que hicieron es enviar inventarios no necesarios al cliente. Si ahora un indicador es ayudar a nuestros usuarios a ser más eficientes y una métrica es el nivel de su inventario, simplemente no podemos volver a aplicar el recurso de empujar el producto en forma artificial para que nuestro jefe vea una buena fotografía de ese mes.

En el capítulo 03 vimos que el valor de una empresa admirada se ubica en 84 % por intangibles, aquello que no está en los libros de contabilidad y que llamamos valor intelectual (marcas, gente, cultura, mercado). Cuando observemos la lista de los diez indicadores notaremos que varios implican cambios importantes en la forma de gestión y en la cultura.

Lo recomendable es elegir los dos o tres más problemáticos y ofrecer bonos o incentivos a toda la empresa si se logran alcanzar. La comunicación en todos estos procesos es fundamental; una buena idea es crear semáforos para mostrar el estatus de cada indicador: verde (mejor de lo esperado), amarillo (en plan) y rojo (debajo de lo esperado), y así cada mes podemos ver en tableros sencillos cómo vamos en los resultados por indicador.

Imagen 7.3 **Tablero de indicadores**

Fuente: Elaboración propia.

Los indicadores que rigen a una empresa son los que medimos, los que estamos observando diariamente y los que premiamos. Es importante que toda la organización entienda en dónde estamos y a dónde queremos llegar con los diez indicadores de gestión. Posiblemente algunos están cerca de la visión y otros muy lejos de ella. Propongo elaborar un cuadro donde coloquemos su nivel de desarrollo, luego hay que calificarlo del uno al cinco, donde cinco es el máximo valor y representa llegar a la visión y uno es una posición lejana, así detectaremos rápidamente en dónde enfocarnos.

Cuadro 7.1 **Indicadores de gestión**

INDICADORES DE GESTIÓN	NIVEL DE DESARROLLO				
	1	2	3	4	5
1.					
2.					
3.					
4.					
5.					

Fuente: Elaboración propia.

Los procesos de transformación requieren, como elemento fundamental, simplicidad en los mensajes y en las estrategias para que todos los entiendan y sepan lo que se espera de cada uno. La ejecución es labor de todos, y si bien las personas pueden trabajar por instrucciones, cuando hacen las cosas porque las quieren hacer y ponen en ello todo su esfuerzo y pasión, los resultados que se alcanzan son dramáticamente diferentes.

Muchas organizaciones confunden su proceso de planeación estratégica con proyecciones financieras de lo que sucederá en el futuro, y generalmente tendemos a ser conservadores, pues las cifras que se presentan son la base para bonos y recompensas.

Cuando ponemos en una matriz todas las iniciativas estratégicas en función del valor que podrían generar y de la complejidad de su implementación, vemos que las podemos clasificar en tres tipos diferentes.

I. **Océanos azules**. No hay que perder de vista que las iniciativas complejas son las que nos dan más valor e implican romper paradigmas, y que requieren competencias que hoy no tenemos como pudieran ser nuevos negocios o territorios. Este concepto, creado por Chan Kim y Renée Mauborgne en su libro *Blue Ocean Strategy*, ayuda a entender la innovación radical (*océanos azules*) y a dejar de lado la competencia (*océanos rojos*).

II. **Minas de oro.** Aquellos proyectos de baja complejidad que dan excelentes beneficios. Aquí generalmente encontramos la expansión hacia nuevos territorios. Este concepto fue desarrollado por Paul Strebel del IMD.

III. **Programas de mejora continua**. Estos deben seguir siendo parte del trabajo diario, aunque su complejidad es baja al igual que su creación de valor, pero son muchos dada la intervención de toda la empresa en ellos.

Imagen 7.4 **Clasificación de estrategias**

Fuente: Elaboración propia con datos de Paul Strebel.

Esta imagen debería ser el resumen más importante de un plan estratégico, pues cuando veamos todos los proyectos con sus respectivas utilidades nos llevaremos la sorpresa de que podríamos duplicar o triplicar el tamaño de la compañía si todos sucedieran. El reto es ir priorizando los proyectos y elaborar un calendario de varios años, buscando que siempre tengamos uno o dos *océanos azules*, varias *minas de oro* y, desde luego, no perder la cultura de *mejora continua*.

Organización centrada en la estrategia

Colocar la estrategia en el centro de la organización es complicado, pues requiere cambios importantes en la manera de gestionar y un compromiso firme del equipo directivo. El Balanced Scorecard (BSC), diseñado por Robert Kaplan y David Norton en 1996, es uno de los mejores sistemas de gestión estratégica, y consiste en varios procedimientos:

- formular una estrategia consistente y transparente;
- transmitirla a través de la organización;
- coordinar los objetivos de las diversas unidades;
- vincular los objetivos con la planeación de corto y largo plazo;
- identificar y coordinar las iniciativas estratégicas;
- medición sistemática, proponiendo acciones correctivas oportunas.

De acuerdo con sus autores, el BSC es una herramienta sofisticada y recomendable para aquellos que han avanzado mucho en sus procesos de negocio y tecnología de información. Su éxito radica en hacer que todos los miembros de una organización se conecten y entiendan su impacto y contribución en la estrategia. Otro sistema, mucho más simple, es el que mencioné sobre seleccionar un grupo de diez indicadores de primer nivel y difundirlos de forma clara y sencilla en toda la organización.

Lo imposible de hoy creará el futuro.

Atraer y desarrollar talento. Alinear la organización

En el futuro habrá dos tipos de organizaciones: las rápidas y las muertas.

David G. Vice

Podemos tener una compañía extraordinaria con una visión clara, un plan estratégico bien elaborado y programas de acción y métricas bien definidos, pero fallar en la implementación si tenemos una organización burocrática, lenta, conflictiva, costosa y con clientes insatisfechos.

Tener al mejor talento y alinear la empresa a procesos centrados en el cliente implica una mayor complejidad, pero es lo que generará utilidades y márgenes de ganancias que crecerán de manera significativa.

Como he mencionado, una de las prioridades del líder es dedicar tiempo a atraer, desarrollar y retener talento, y para lograr su objetivo debe tener la organización correcta. Por más que tengamos buenos productos y servicios, si no los podemos ofrecer al cliente en forma rápida y eficiente, nuestras empresas tarde o temprano morirán.

La velocidad y la innovación son los dos elementos primordiales para el éxito de una compañía en esta época. Ser bueno no es suficiente, ser el primero es lo más importante. La velocidad del cambio en el entorno es cada vez mayor y todo indica que se intensificará; sin embargo, los individuos no estamos preparados para ello, pues el ser humano es un ser de hábitos que por naturaleza se resiste al cambio.

Esta brecha y tensión que se genera entre el cambio acelerado del mundo y su tecnología, y la lentitud de la transformación humana en conductas y hábitos, es lo que impide a una organización avanzar. Hoy a nadie se le ocurriría usar una vela en lugar de la luz eléctrica o ir a buscar en persona a alguien cuando rápidamente le puede llamar por teléfono.

No obstante, cuando vemos cómo se realizan muchas tareas en las empresas nos encontramos con métodos laborales y administrativos que no han cambiado en cien años, o quizá más. ¿Cómo competir en el mundo de hoy?

Tenemos que ser muy rápidos en cautivar a nuestros clientes, ya que ellos solo aprecian aquellas operaciones que transforman y dan un valor a un servicio o producto, y no están dispuestos a pagar por nuestras ineficiencias.

Hay operaciones que consumen tiempo y recursos, pero que no agregan valor al producto. Desde la perspectiva del consumidor, este sería feliz si no pagara por muchas de las actividades que se realizan en una empresa: contabilidad, aspectos legales y jurídicos, administración de personal, oficinas, gastos de viaje, etcétera.

Cuando hacemos un mapa de procesos en una compañía promedio y medimos el tiempo y los costos de cada uno, separando las actividades de valor al cliente y las que no lo generan, nos llevamos la sorpresa de que más del 80 % de estas NO son de valor desde la óptica del cliente - consumidor.

Muchas empresas, erróneamente, intentan concentrar sus esfuerzos en hacer más eficientes sus procesos de valor al cliente, pero únicamente están mejorando la porción más pequeña de las actividades. Supongamos que la compañía tiene un 10 % de actividades que generan valor agregado y que las mejoramos un 50 %; solo habremos enriquecido un 5 % la eficiencia total de la organización.

Para conseguir una transformación que nos diferencie del resto tenemos que hacer una reingeniería total de los procesos, y reducir dramáticamente las actividades que no producen valor agregado. De esta forma disminuiremos al mínimo ese 80-90 % e impactaremos la operación.

Una empresa de clase mundial tiene una mezcla de actividades de valor y no valor al cliente 50-50 %. Estamos tratando de administrar en el siglo XXI con teorías y estructuras diseñadas en siglos anteriores:

- la división del trabajo de Adam Smith y Henry Ford (1776 y 1913, respectivamente);
- las divisiones descentralizadas según Alfred Sloan para GM a finales de la década de 1930;
- las corporaciones y sus grupos de soporte de acuerdo con Robert McNamara para Ford; Harold Geneen, de ITT Corporation, y R. Jones, de GE, en la década de los sesenta.

Para ilustrar esta situación pensemos, hipotéticamente, que hoy decidimos formar una corporación y que deseamos que sea muy rígida, ineficiente, cara, poco flexible, con gente desmotivada, conflictiva y lenta para el cambio, ¿qué haríamos?

- La podríamos dividir por funciones para que los servicios al cliente tuvieran que pasar por muchas manos y asignar objetivos contradictorios con el fin de que este se confunda y sea invisible (división del trabajo).
- Una buena idea también sería separar el trabajo físicamente en diferentes ciudades, edificios o pisos (corporaciones y sus grupos de soporte).
- También podríamos dividir el trabajo con barreras sociales estableciendo títulos ostentosos que limiten la comunicación junto con puertas en oficinas y

asistentes que bloqueen el acceso a los líderes (divisiones descentralizadas).

Imagen 8.1 **Organización burocrática, cara y lenta**

**El cliente
solicita
un servicio**

**Entrega
del servicio
al cliente**

Fuente: Elaboración propia con datos del libro *Reengineering the Corporation* (1994).

Lo que al final logramos es un reflejo de lo que hoy somos: el cliente demanda productos y servicios y estos tienen que seguir recorridos muy largos, lentos, caros y conflictivos. Hay una herramienta para alinear la empresa y consiste en organizarla por procesos centrados justo en el cliente.

Organización por procesos centrados en el cliente

Los clientes son la fuerza dominante. Son los que mandan, a menos que tengamos una posición de monopolio, ventajas competitivas como patentes y barreras de entrada donde la fuerza está en la compañía y no en él. Hoy son los consumidores los que dicen a las empresas lo que quieren, cuándo lo quieren y cuánto están dispuestos a pagar por ello.

Esta situación ocasiona grandes conflictos, pues las compañías siguen pensando en un mundo masificado y establecen procesos internos que les convienen, aunque no sean los que el cliente demanda. Se lanzan miles de productos diariamente, pero menos del 1 % alcanza el éxito.

Una familia promedio obtiene 80-85 % de sus necesidades con unos 240 productos diferentes; no obstante, todos tenemos acceso a millones de ellos. Un supermercado promedio maneja entre 20 y 50 000, pero al final la familia vive con 240. Es fácil imaginar por qué todas las marcas buscan desesperadamente promocionar sus productos, colocar exhibiciones especiales, publicidad, etcétera. El mensaje es: ¡llévame, quiero ser uno de esos 240 productos! Ante este panorama solo tenemos tres opciones: desistir, *hablar más fuerte* o innovar.

La mayoría de las empresas se organizan en torno a la división del trabajo, operan en silos funcionales. La persona que verifica el crédito es parte del equipo de Finanzas, los que manejan el pedido en la bodega pertenecen a Manufactura, el despacho es parte de Logística, el que toma el pedido forma parte de Ventas. Todos miran hacia su propio departamento y hacia arriba, el lugar donde están los jefes que los evalúan, promocionan y deciden sus sueldos. Nadie mira hacia fuera, que es justo donde está el cliente.

La mayoría de los problemas y altos costos son consecuencia de la fragmentación del proceso. Muchas organizaciones matan la innovación y la creatividad, pues si alguien tiene una idea mejor para atender a los consumidores primero tiene que convencer a su jefe, el cual tiene que hacer lo mismo con su superior y así sucesivamente. Basta un simple NO para matar la idea.

En un mundo de clientes - consumidores esta forma de administrar es obsoleta. Hoy no podemos trasladar al cliente todas nuestras ineficiencias. Lo que tenemos que hacer es ponernos en sus zapatos y organizarnos en torno a sus procesos; a lo que hace y piensa, y darnos cuenta de que la existencia de cualquier negocio se basa en dar soluciones. ¿Cuáles? Las que el cliente quiera, cuando las quiera y como las quiera. Un proceso es una colección de actividades que crean valor para el consumidor.

Tomemos un caso: una persona hace el pedido de un producto, el proceso termina cuando lo recibe y lo usa. En medio están involucrados varios departamentos de una compañía, y esto puede ocasionar que los requerimientos pasen de un lugar a otro, acrecentando el riesgo de errores y mayores costos. Por ejemplo, si el cliente no tiene crédito o aparece un error en el sistema, se le suspenderá la entrega y tendrá que dirigirse al Departamento de Crédito que pertenece al Área de Finanzas para aclarar el malentendido. El cliente se molesta y el vendedor recurre a su jefe para que este haga una excepción, quien tendrá que pedir un favor al director de Finanzas. Si por otro lado se agotó la materia prima, el de Compras podrá argumentar que no se tuvo un buen pronóstico y así sucesivamente.

Para rediseñar los procesos y organizarnos con un enfoque en el cliente necesitamos hacer una reingeniería. Tenemos que preguntarnos por qué hacemos lo que estamos haciendo y por qué de esa forma. La reingeniería no da nada por sentado: no podemos asumir que todo crédito a los clientes se debe investigar; en muchos casos, el costo de investigarlo resulta superior a lo que se perdería por cuentas incobrables.

Amazon y eBay generan calificaciones de compradores y vendedores entre sí, y aquel que tiene malas anotaciones simplemente deja de vender. ¡Cuántos sistemas basados en la confianza y el reconocimiento pueden sustituir controles lentos y obsoletos! Decimos rediseño radical porque no se trata de efectuar cambios superficiales ni de arreglar lo ya instalado, sino de abandonar lo viejo. Rediseñar es reinventar el negocio, no mejorarlo o modificarlo.

Las mejoras deben ser dramáticas en rendimientos para hacer una reingeniería de procesos; implica quitar lo que no está funcionando y modificarlo, buscar algo nuevo, pues de no ser así, entonces solo hablamos de procesos de mejora continua.

Michael Hammer fue el pionero del concepto de reingeniería de la organización (*Reengineering the Corporation*), que implica un nuevo comienzo y rompe con los paradigmas de Adam Smith (la división del trabajo, las economías de escala, el control jerárquico) a favor de nuevos modelos de organización.

El ser humano crea hábitos a través de la repetición, y estos se heredan por generaciones. Una vez que los adoptamos, deshacernos de ellos es muy difícil. Estas costumbres llegan, incluso, a convertirse en adicciones y se vuelven nocivas para las personas.

Los humanos nos distinguimos por la voluntad para intentar modificar un hábito, aunque ese cambio implique costos y esfuerzos muy altos o ir en contra de la opinión de quienes juzgan duramente a aquellos que intentan romper paradigmas. Recordemos cuando Galileo Galilei planteó que la Tierra giraba alrededor del Sol y fue acusado por el Tribunal de la Santa Inquisición de «herejía», declarado culpable y condenado a arresto domiciliario de por vida.

También en nuestras empresas tenemos prácticas muy arraigadas porque su estructura es una mezcla de hace tres siglos de la división del trabajo como fuente de productividad y los sistemas de poder jerárquico de las monarquías. Los individuos que laboran en las organizaciones entienden muy bien los conceptos de servir al cliente, pero les cuesta mucho eliminar las fuerzas de poder que les brinda su posición y les da un estatus que los hace sentir seguros. Por lo tanto, decir que el cliente es lo más importante y llevarlo a cabo es tan complejo que solo un puñado de compañías logra hacerlo realidad.

Debemos entender que detrás de una empresa hay individuos con hábitos, creencias e intereses personales que rigen sus decisiones por encima de lo que sea bueno para esta. Lo mismo sucede con los gobiernos, donde los funcionarios saben que están para atender y servir a los ciudadanos que los eligieron.

Para el individuo, la corporación es importante siempre que no se atente contra su posición y lo que esta representa. Lograr después de muchos años de esfuerzo un puesto de director produce satisfacción, además de posibilitar un buen sustento económico para la familia y un estatus social. Es muy difícil que un director acepte que su función ahora será servir, y que las fuerzas de poder que representa su cargo debe cederlas a favor de los clientes.

Cuando una empresa decide organizarse por procesos alineados al cliente lo hace a través de sus directivos, quienes difícilmente hoy apoyarán. La mayoría pensará, primero, en los beneficios personales que le reportará la nueva organización. Desgraciadamente, al cambiar la estructura encontramos muchas actividades de no valor agregado y nuevas habilidades que el personal no posee, y aun cuando el objetivo de alinear una organización por procesos no es la de reducción de personal, siempre habrá ajustes y nuevas contrataciones centradas en habilidades y competencias diferentes que no podemos ignorar.

Al reducir los niveles jerárquicos, la gente trabajará en equipos multifuncionales y con multihabilidades. Los especialistas (las funciones actuales) se volverán facilitadores, entrenadores y *coaches*. El directivo se enfrenta entonces a un dilema: tengo que responder al accionista y a los colaboradores, pero me dicen que el cliente es lo más importante.

Aunque hoy afirmemos que nuestro consumidor es la prioridad, el 90 % de las empresas no le dan el lugar que merece. Esta confusión entre el hacer y el actuar hace muy difícil alinear una organización a los procesos centrados en el cliente, ¿qué pasa si me equivoco en la implementación?, ¿cómo pongo en marcha lo que no conozco?, ¿cómo vendo algo no probado?

En una organización hay tres fuerzas de poder y coordinación que generalmente están en conflicto, pero siempre hay una de ellas que tiene más influencia en las decisiones sobre las otras: a) funcional, b) geográfica y c) marcas o tipo de clientes.

a. **Funcional**. Las funciones (finanzas, capital humano, manufactura, ventas, mercadotecnia) reportan al director general. Esta forma de organización es la más común y parte de la premisa de que la especialización te hace más efectivo, pero requiere mucho tiempo de coordinación, ya que el único que tiene la perspectiva de todo el negocio es el director general y muchas decisiones tienen que llegar a él, haciendo muy lenta y poco flexible la organización.

Hay directores que, en un afán por ser más rápidos, practican un liderazgo en forma de estrella, donde la comunicación con los miembros de su equipo generalmente es uno a uno. Esto conlleva falta de desarrollo de talento, pues cada uno es una pieza del rompecabezas y ninguno tiene la capacidad de ver la perspectiva de toda la empresa. En estas organizaciones se le debe lealtad al director, por lo que la compañía ocupa un papel secundario.

Una forma rápida de demostrar lo anterior es preguntarle a cualquier miembro quién es su equipo de trabajo y les aseguro que la respuesta será siempre el departamento para el que labora y no todo aquel que ayuda a lograr la visión que tenemos en la compañía. En estas organizaciones el cliente es invisible, y para que el personal de Ventas resuelva un problema relacionado con este generalmente se pasa por muchos procedimientos burocráticos.

Recuerdo que hace varios años una empresa adquirió un negocio nuevo, y la solución para ellos fue fragmentarlo, así cada función absorbió una parte argumentando mayor eficiencia y ahorros al no duplicar actividades. El resultado fue la pérdida de foco de este nuevo negocio, ya que nunca se dieron cuenta de que esta estructura que predicaba la eficiencia lo *mató*.

b. **Geográfica**. Hay organizaciones que dividen el mundo o hacen geografía de territorios (Europa, Asia, Medio Oriente, Latinoamérica). Ahí reside su poder, porque sus resultados son la suma de las regiones; aunque estas organizaciones pueden tener funciones globales, su prioridad es local o lo será quien sea el «dueño» de los territorios.

c. **Marcas o tipo de clientes**. Las organizaciones que ponen a sus clientes en primer lugar son pocas, pero son las que tienen mayores posibilidades de éxito porque en las decisiones de primer nivel radica lo más valioso de la empresa (sus marcas y sus clientes). Son compañías que nombran directores de segmentos de clientes, con toda la autoridad para dirigir el destino de los negocios asignados. Las funciones están divididas y distribuidas debajo de cada unidad de negocios y solo existe un coordinador funcional en el primer nivel.

El siguiente cuadro ejemplifica los tres modelos descritos.

Cuadro 8.1 **Fuerzas de poder en una organización**

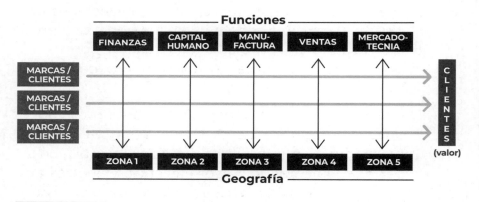

Fuente: Elaboración propia con datos de *Business Process Management Journal.*

Una empresa ágil da prioridad a los procesos del cliente, seguidos por las funciones y después por la geografía (que en un mundo globalizado va perdiendo importancia). Para determinar qué tipo de organización tenemos debemos preguntarnos: ¿qué puestos son los que tienen más poder?, ¿a qué dedica su tiempo el director general?, ¿es una compañía que opera por consenso o en forma de estrella?, ¿dónde radica el poder de los presupuestos: en las funciones, las marcas, los clientes, la geografía?, ¿cuándo hay un problema con un cliente quién tiene el poder de solucionarlo?

Reingeniería de la organización

Trataremos de hacer un ejercicio práctico y simple de cómo se hace una reingeniería de procesos centrados en el cliente para llegar al mapa que sustituye a los organigramas rígidos. El procedimiento por sí solo tiene complejidad y su implementación en una organización puede llevar de tres a cinco años. Los beneficios son significativos comparados con cualquier competidor, y los resultados cuantitativos se ven de inmediato. Simplemente hacer visibles los procesos del cliente y ponerles «dueños» da una gran ventaja.

Ser una organización rápida, flexible, eficiente, con gente motivada, enfocada al cliente, con usuarios satisfechos, confiable y con procesos administrados es un sueño que muy pocas logran. Los resultados dependen del compromiso que tienen los líderes respecto a llevar a cabo los cambios humanos y tecnológicos necesarios.

Si consideramos que una empresa típica tiene más de un 80 % de actividades de no valor agregado al cliente, es fácil suponer que un proceso de transformación puede generar grandes beneficios. Muchos de los gastos que hace corresponden a sus estructuras jerárquicas; y es esto precisamente lo que desaparece primero al darle poder a la gente a través de mayor claridad y visibilidad en los procesos.

Si hacemos el ejercicio del porcentaje de los salarios y prestaciones que se llevan de 10-20 % de los que más ganan, nos encontraremos que aplica la ley de 80-20; es decir, 20 % de los empleados representan un 80 % del total de sueldos y al 80% le corresponde un 20 %.

Es importante notar que la mayor parte de la reducción del tiempo de ciclo y costos viene de las estructuras organizacionales obsoletas, por ello la resistencia de los altos directivos a los procesos de reingeniería y a su implementación; también es lo que genera que algunas compañías sean muy exitosas y otras no. Como dice la frase: «Si las cosas que valen la pena fueran fáciles cualquiera las haría».

Si hoy el reto es cerrar la brecha entre el cambio tecnológico y la manera de administrar una compañía, no podemos darnos el lujo de esperar. La mayor parte de la gente tendrá que ser reentrenada en los nuevos procesos y, en ese sentido, es más importante contar con empleados que tengan la actitud adecuada.

Los procesos son el corazón de una empresa, la forma en la que crea y entrega valor a los clientes. Representan el verdadero trabajo, aunque no sean visibles en muchas organizaciones. El enfoque de procesos centrados en el cliente es interfuncional y orientado a resultados y, por lo tanto, demanda un nuevo vocabulario y una nueva perspectiva.

Una compañía no está definida por sus productos y servicios, sino por sus procesos de valor al consumidor, y además tiene responsabilidades específicas:

- enfocar los recursos en las actividades que realmente agregan valor;
- romper con las barreras funcionales y asegurar una adecuada coordinación;
- tener una organización ágil, con procedimientos simples y capacidad de reacción;
- contar con sistemas de trabajo, información y tecnología de punta;
- habilitar y desarrollar las capacidades del personal de línea y formalizar un nuevo rol para los líderes de la compañía, de control y supervisión a facilitadores y entrenadores;
- crear una cultura donde los clientes nos evalúen, siendo admirados por ellos y representando el mejor lugar para trabajar.

Al definir los procesos hay que clasificarlos en tres tipos e identificarlos con claridad para saber cuáles son de apoyo y cuáles son nuestra razón de existir.

a. **Procesos de valor agregado al cliente**. Los que permiten establecer un mayor valor comercial a partir de un diferenciador clave.

b. **Procesos habilitadores.** Los que soportan varios procesos de valor, porque si solo apoyaran uno sería mejor no quitárselo al proceso de valor.

c. **Procesos rectores.** Los que dan dirección o ajustan otros como la planeación estratégica, la auditoría o el gobierno corporativo.

Existen también tres elementos que caracterizan a una verdadera organización administrada por procesos.

- Herramientas (identificar los procedimientos y estar conscientes de ellos; diseñarlos y contar con infraestructura de apoyo y sistemas de información).

- Actitud. Métodos de medición, sistemas de compensación por procesos, cultura.
- Nuevos roles de los líderes. Dueños de procesos. Equipos de procesos. Entrenadores y Consejo de Procesos.

Veamos algunas ideas sobre organizaciones orientadas a los procesos que nos inspiren a desarrollar los de nuestra empresa.

Identificación de clientes

En esta etapa se establece la ruta que siguen nuestros productos hasta llegar al consumidor final. La pregunta para responder es: ¿en dónde debería estar nuestro producto para que el cliente lo encuentre?

La mayor parte de las compañías no llega hasta el último usuario, pero sí son parte de una cadena que terminará ahí. Por ejemplo, si producimos autopartes o materia prima para ellas, debemos observar el recorrido que siguen hasta llegar al producto final, o sea el automóvil. Esta perspectiva nos permite ver lo que sucede en los procesos de nuestros clientes (que será la siguiente etapa) y entendiéndolos podremos generar procedimientos de valor.

Hoy existen muchas ineficiencias en todas las cadenas y cuando lo comprendemos es posible encontrar una oportunidad de negocio o detectar la alerta de peligro por un cambio en los hábitos del consumidor (materiales más ligeros y eficientes, combustibles más ecológicos, mandos auditivos, sistemas anticolisión, etcétera).

Un fabricante de bolsas de plástico para supermercados que no vea a sus clientes, a la sociedad, y que no entienda el riesgo ecológico que su producto genera nunca estará preparado para responder con innovación. Se definirá como productor de bolsas de plástico y no como alguien que provee soluciones de empaque al consumidor; algún día se levantará con la noticia de que sus bolsas simplemente fueron canceladas y retiradas del mercado. Esta es solo una historia de obsolescencia de las muchas que aparecen a diario.

Kodak nunca se percató de que el consumidor prefería poder tomar y archivar sus fotos sin pasar por el proceso complejo y costoso de revelado que ellos ofrecían. No quisieron verlo y siguieron siendo líderes de un mercado condenado a la desaparición.

El primer paso es tener un mapa del proceso de nuestros distintos clientes hasta llegar al consumidor final. Mediante un análisis de las rutas notaremos que hay muchos tipos de usuarios con diferentes necesidades. Esto nos llevará a entender cómo debemos organizarnos internamente para tener en cuenta las diferencias o seleccionar los mercados a los que queremos enfocarnos.

Procesos de clientes - consumidores

En esta etapa debemos ponernos en los zapatos de nuestros distintos clientes y preguntarnos cuáles son los procedimientos que llevan a cabo dentro de sus negocios o qué métodos siguen para hacer su compra. Cuando analicemos esto comenzaremos a detectar qué es lo que aprecian y, en consecuencia, qué debemos ofrecerles.

Nos daremos cuenta también de que hay muchas cosas que valoran y que no proveemos porque ni siquiera sabíamos que eran importantes, o simplemente considerábamos que no eran parte de nuestro negocio.

Daré un ejemplo. En la empresa galletera donde trabajé encontramos que los clientes mayoristas necesitaban entrenar a su fuerza de ventas para lograr consumidores finales satisfechos. Nos dimos cuenta de que, a nivel interno, teníamos un grupo muy bien capacitado para esa labor, y decidimos ofrecer este servicio sin ningún costo. Nuestros clientes apreciaron este valor agregado que nadie más ofrecía y nos recompensaron con su lealtad, lo que al final resultó en importantes ganancias de participación de mercados a un costo muy reducido.

También encontramos que, en el subproceso de negociación de compra, ellos esperaban lograr un manejo eficiente de su capital de trabajo; vimos que tenían un alto inventario y nos ofrecimos a reducirlo a la mitad si nos dejaban controlarlo, dándonos visibilidad de la información.

Anteriormente, a nuestra fuerza de ventas la medíamos cada mes por las transacciones, por lo que fueron presionando los inventarios de los clientes para lograr sus cuotas. Al entender a los consumidores cambiamos la forma de medir a nuestra fuerza de ventas y los resultados fueron sorprendentes.

Identificación de los procesos de valor al cliente

En este paso se lleva a cabo la evaluación de todas aquellas cosas que los usuarios requieren para sus procesos de negocio y que deberían ser parte de los de la compañía. Aquí es donde la creatividad puede ayudarnos a diferenciarnos de cualquier competidor, ofreciendo servicios que nadie brinda y que sorprenderán. Podemos ir agrupando la lista de necesidades para formar los procesos centrados en el cliente que formarán la esencia de la estructura organizacional de nuestra empresa.

Imagen 8.2 **Procesos y subprocesos de valor al cliente**

CAUTIVAR AL CONSUMIDOR
- Diseño de empaques
- Creación de imagen y marcas
- Estrategia de precios
- Atención y servicio al consumidor
- Desarrollo de productos superiores
- Estimulación al consumo
- Apoyo a la comunidad

DESARROLLO DEL CLIENTE
- Atención y desarrollo del cliente
- Desarrollo de la categoría
- Estimulación de la venta
- Prospectación y diseño del servicio
- Asesoría en mejores prácticas
- Planeación de la demanda

SERVICIO AL CLIENTE
- Administración de inventarios
- Manufactura
- Atención y servicio al cliente
- Orden a cobro

Fuente: Elaboración propia.

Lo primero que notaremos será la diferencia de los nombres de los procesos si los comparamos con los de una compañía funcional. Esto da un significado más claro a los objetivos del trabajo al tener siempre las palabras *cliente* o *consumidor*, pues al final son ellos la razón de ser de la empresa.

Cuadro 8.2 **Empresa tradicional versus empresa por procesos**

EMPRESA TRADICIONAL	EMPRESA POR PROCESOS
Mercadotecnia	⟶ Cautivar al consumidor
Logística	⟶ Servicio al cliente
Ventas	⟶ Desarrollo del cliente

Fuente: Elaboración propia.

Definición de procesos habilitadores y rectores

Los habilitadores son aquellos que fortalecen, apoyan o proporcionan herramientas a más de una de las fases productivas. Por sí mismos no son valiosos para el cliente, pero contribuyen a la generación de valor en el producto final. Su principal objetivo es eficientar los procesos, por eso conviene buscar, externamente, quién puede hacerlos por nosotros de manera más productiva. Los procesos rectores guían, dan rumbo y dirección al negocio. Son los que cuidan que la empresa evolucione a la velocidad del cambio del entorno.

Mapa de procesos

Es una representación de lo que conocemos como organigrama, explica el funcionamiento de la organización; está alineado a la visión y estrategia y pone en la cima al cliente - consumidor como la parte más importante, y no a los jefes funcionales como en una estructura tradicional.

Imagen 8.3 **Mapa de procesos**

CLIENTES Y CONSUMIDORES	
PROCESOS RECTORES • Planeación estratégica • Desarrollo de nuevos negocios • Transformación del negocio	**PROCESOS DE VALOR** • Cautivar al consumidor • Desarrollo de cliente • Servicio al cliente
	PROCESOS HABILITADORES • Soporte a la toma de decisiones • Desarrollo de capital humano / cultura • Negociación de abasto • Inteligencia de mercado

Fuente: Elaboración propia.

Tener un mapa de procesos nos ayuda a entender nuestra razón de ser y genera un cambio fundamental en los nombres de los mismos versus los de una organización funcional. El cometido de Finanzas generalmente tiene una connotación asociada al control, pero en la imagen anterior observamos que su valor es apoyar los procesos del cliente y, por lo tanto, la llamamos *soporte a la toma de decisiones*. La información y el control son importantes en tanto sean transformados en herramientas para que la gente de línea tome resoluciones.

El Área de Personal, que generalmente se encarga de administrar a los empleados, ahora se llamaría Desarrollo de Capital Humano y Cultura. Cambiar nombres de puestos y asignar dueños de procesos es un primer paso que, por sí solo, empieza a generar el cambio de actitud necesario para una verdadera transformación.

Las personas deben saber en qué proceso trabajan y los objetivos y mediciones deben ser iguales para todos. Cuando una empresa da sentido al servicio al cliente con los nombres de sus puestos produce satisfacción, pues es algo que los usuarios no observan en la mayoría de las empresas. La evolución de una organización funcional hacia una de procesos centrada en el cliente lleva tiempo y pudiera resumirse en fases.

- Fase 0. Los procesos son invisibles porque no existen en una organización funcional.
- Fase 1. Seguimos siendo una organización funcional, pero empezamos a reconocer que tenemos procesos. Ya no son invisibles y comenzamos a hacer algunas reingenierías de aquellos que presentan mayores oportunidades de éxito y menor complejidad (de uno a dos años).
- Fase 2. Es ya una organización híbrida en donde tenemos dueños de los procesos, las funciones empiezan a cambiar su rol para ser facilitadoras y entrenadoras de la gente que participará en los procedimientos de valor (de dos a tres años).
- Fase 3. Es la etapa de madurez donde las prioridades funcionales se subordinan a los procesos y el poder de la organización lo tiene el cliente a través de los dueños de los procesos (de tres a cinco años).

Cuadro 8.3 **Evolución de una organización de funciones a una de procesos**

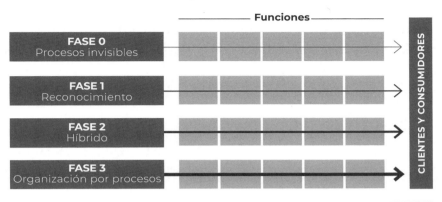

Fuente: Elaboración propia.

Mucha gente pensará que el tiempo de cambio parece muy largo; sin embargo, no hay que perder de vista que estamos tratando de modificar hábitos y creencias arraigados en nuestra cultura desde el siglo XVIII.

Transformarse implica tener mejores herramientas de gestión, rediseñar los procesos, entrenar y habilitar a la gente hacia un enfoque externo, alinear las compensaciones a los nuevos métodos y resultados esperados. De ahí que un proceso total de transformación lleve mucho tiempo, pero los resultados iniciales, que se logran al enfocar la organización a procesos alineados al cliente, son muy rápidos y espectaculares.

Un emprendedor que inicia de cero puede moverse mucho más rápido. Hoy vemos empresas con muy pocos años de existencia con valores que superan los 1000 millones de dólares –los llamamos «unicornios»–, tan solo en 2021 tuvimos 1000 en el mundo. Adquirir estas compañías o detectarlas en etapas tempranas es parte del rol del director general, de su visión para anticiparse al futuro. Otra opción, si se quiere velocidad en algunas iniciativas disruptivas, es asignar un grupo de liderazgo con competencias de emprendimiento y autonomía de gestión

Es mejor una decisión rápida que la mejor decisión tarde.

CAPÍTULO 09

Modelar y alinear la cultura

Llegar a la cima
no es el reto, sino
nunca dejar de subir.

Walt Disney

Desarrollar talento es la prioridad número uno de cualquier líder; tener dos o tres reemplazos listos para su puesto debe ser su principal objetivo. Sin embargo, para muchos líderes que desean perpetuarse en su cargo esto parece una amenaza y por ello se rodean de personas con menores capacidades, además de encargarse de que no desarrollen sus habilidades.

Si un líder no logra «hacer de la gente ordinaria gente extraordinaria» está fallando en su responsabilidad principal, y debemos detectarlo inmediatamente. Su permanencia es dañina para la sostenibilidad de la empresa porque aunque en el corto plazo dé resultados, a la larga no será así.

Este tipo de líderes son peligrosos, pero son también fáciles de identificar; se hacen pasar por indispensables y bloquean el desarrollo de talento. Existen muchos ejemplos de líderes que abandonan compañías y sus reemplazos tienen que contratarse de forma externa.

En 1955, RCA encabezaba el mercado de semiconductores con ventas que representaban más del doble de las que lograba IBM. En 1986 dicha empresa dejó de existir. Falló por su falta de habilidad para manejar el choque cultural frente a las amenazas que representó el avance tecnológico; no pudieron defender lo que se convertiría en una tecnología obsoleta y al mismo tiempo atacar con nuevas. Muchas compañías como esta fracasan porque no anticipan el cambio; por arrogancia y falta de capacidad para lidiar con la transformación cultural.

Alinear la cultura implica ser una organización sustentada en valores, con un énfasis especial en la innovación y la colaboración, dos características que le permiten atraer al mejor talento y crear procesos ágiles que responden y sorprenden a los clientes. Estas compañías logran crear una diferenciación en el mercado obteniendo valores de capitalización 3X en comparación con las empresas promedio.

Si la tecnología crece en forma exponencial, la obsolescencia del conocimiento lo hace a la misma velocidad. En este contexto, el reto para cualquier empresa es aprender y reinventarse todos los días. ¿Cómo lograrlo cuando el ser humano, por naturaleza, se resiste a modificar sus hábitos?

Ser una empresa admirada requiere de una cultura de cooperación, compromiso e innovación, y esto solo se logra si la gente está conectada y comprometida con su trabajo. Se necesita un ambiente laboral agradable en el que se tenga la libertad para desarrollar talento y se pueda decir con orgullo «mi empresa es el mejor lugar para trabajar».

En el libro *The Fifth Discipline: The Art and Practice of the Learning Organization*, de Peter M. Senge (2006), el autor plantea que la velocidad con la que una organización aprenda determinará sus ventajas competitivas. Dicho de otro modo, si la velocidad del cambio en el entorno es mayor que el ritmo de transformación interna de la organización, el final está cerca.

Nadie duda que los trabajos serán más complejos y retadores; pero requerirán, sobre todo, de más autonomía para acelerar las decisiones y responder más rápido al cliente - consumidor.

En ese contexto, tenemos que modificar la cultura que da vida a la organización. Todos los miembros deben entender cuáles serán los principios que se desean implementar y así lograr la congruencia entre el decir y el actuar (*walk the talk*).

Alinear la cultura al nuevo ambiente competitivo significa hacer correcciones no solo en la compañía, sino en la tecnología, los procesos, los factores ambientales en los centros de trabajo y el comportamiento humano. No se trata de avanzar en unos y dejar pendientes los otros, pues son temas interdependientes. Por ejemplo, podemos decir que nuestra cultura es innovadora, pero los sistemas de recompensa no premian o el ambiente de trabajo es de mucha sobriedad o las oficinas no fomentan el trabajo colaborativo, etcétera.

La cultura es muy difícil de cambiar porque implica revisar roles y autoridad, políticas y protocolos, poder y reglas de jerarquía, lenguaje, normas y valores, oficinas y ornamentos, métricas y recompensas, entre otros.

Imagen 9.1 **Requisitos para alinear la cultura**

Fuente: Elaboración propia.

Decíamos que una empresa puede duplicar sus márgenes de utilidad solo con implementar una organización centrada en los procesos del cliente. Pues bien, si además logra cambiar la cultura, entonces podría triplicarlos, en comparación con una compañía que solo se concentre en tener claridad en su visión de futuro.

Muy pocas organizaciones se atreven a cambiar la cultura debido a la resistencia que los líderes tienen; y tampoco se imaginan que dichos temas puedan influir de forma significativa en la generación de crecimiento y utilidades. Por el contrario, se piensa que estas modificaciones pueden «relajar» el ambiente con riesgos importantes para el negocio.

Alinear la cultura es la fase del proceso que nos permite tener la ventaja competitiva de ser una empresa rápida, flexible e innovadora, que impulsa y promueve la mentalidad «de dueños», un concepto al que todos quisieran llegar, pero que muy pocos consiguen. Significa evolucionar de una gerencia de control a una de liderazgo y compromiso, de orientarnos de la tarea al proceso del cliente, del trabajo individual al colaborativo.

Imagen 9.2 **Paradigmas a romper**

DE		HACIA
Gerencia de control	⟫⟫⟫	Liderazgo por compromiso
Orientación de la tarea	⟫⟫⟫	Orientación de procesos al cliente
Decisiones impuestas	⟫⟫⟫	Decisiones por consenso
Trabajo individual	⟫⟫⟫	Trabajo en equipo
Estructuras rígidas y jerárquicas	⟫⟫⟫	Estructuras planas y flexibles
El problema es la gente	⟫⟫⟫	Los problemas son los sistemas y la solución es la gente

Fuente: Elaboración propia con datos de la conferencia «¿Qué es un paradigma?» de Stephen Covey.

Antes de comenzar la transformación, el primer paso es describir por frases la cultura que deseamos tener y que nos llevará al éxito; podemos llamarla *conductas aspiradas* porque es probable que cuando las evaluemos estemos muy lejos de vivirlas.

Cada empresa necesita tener principios, pues la cultura es la huella digital de la organización: no hay dos iguales. Sugiero tener entre diez y veinte reglas para posteriormente evaluarlas del uno al diez (diez significa que se vive intensamente y uno que no está presente).

De los resultados obtenidos saldrá material de trabajo para enfocarnos en los procesos de cambio. Este ejercicio es una oportunidad para comenzar los reajustes y medirlos desde una calificación inicial. A continuación, presento algunos principios de una cultura deseada con el objetivo de inspirar y ofrecer algunas ideas.

1. La organización es plana y con pocas jerarquías. Las fronteras entre las áreas desaparecen y se forman equipos virtuales para dar solución rápida a los problemas.

2. La información en línea permite conocer al consumidor y al negocio instantáneamente.

3. La gerencia y la supervisión dedican la mayor parte de su tiempo a entrenamiento y educación para motivar y generar autoestima en el personal de línea.

4. Las quejas y recomendaciones del cliente son la base de la mejora continua en productos y servicios.

5. Las alianzas y los servicios de *outsourcing* son una forma común de operar en áreas que pueden ser

compartidas, ya que siempre hay otros que son mejores y más rápidos que nosotros.

6. Los proyectos que eliminan intermediarios y actividades de no valor agregado son los de mayor prioridad.

7. Internet permite a nuestros clientes hacer la mayor parte del trabajo de servicio que hacemos para ellos.

8. Contratamos a personas con pensamiento divergente; de otra forma imitan a todos los demás y no hay ideas nuevas. La diversidad promueve la innovación.

9. Tenemos gente con alta autoestima que cree en sus ideas a pesar del rechazo y la crítica. En esta organización apreciamos a los protagonistas, no a los espectadores.

10. Animamos a las personas a desafiar a sus líderes y compañeros.

11. Tenemos una cultura que apoya la creatividad y la experimentación. Desarrollamos y probamos muchas ideas para implementar las mejores.

12. Recompensamos el éxito, y también a la gente que falla intentando poner en marcha nuevas ideas.

13. Damos incentivos a los proveedores que nos proporcionan ideas ganadoras.

14. Construimos una cultura basada en la confianza y la colaboración. Siempre opinamos y nos aseguramos de que nuestra voz sea escuchada y comunicada con honestidad.

15. Cuando contratamos o promovemos personas, los demás miembros del equipo tienen la oportunidad de expresar su opinión.

16. Reconocemos y recompensamos las sugerencias, pues queremos que todos expresen su opinión y hagan que las cosas sucedan.

17. Muchas posiciones tienen autoridad, pero presionar a los colaboradores o hacerlos trabajar por miedo no se tolera.

18. Las personas son libres de cambiar y adaptar sus espacios de trabajo como ellos quieren. No tenemos normas al respecto y no queremos tenerlas.

19. Todas las transacciones de papel se hacen electrónicamente para reducir tiempo de ciclo y procesos.

20. Seleccionamos las ideas de las personas más comprometidas y persuasivas.

21. Castigamos la no acción y a las personas que se pasan el día hablando de lo que van a hacer y nunca lo hacen.

El listado anterior permite ejemplificar, en términos muy sencillos, las conductas que definen los valores de la organización.

Valores y cultura

Los valores de una organización son el pegamento que aglutina a las personas con ideas diferentes. Los miembros se unen a través de un código que todos adoptan y viven con el ejemplo.

Hoy las compañías requieren de un grupo diverso de personas que piensen distinto, con el fin de enriquecer las ideas, pero que a la vez estén unidas por la visión y los valores de la organización. Generalmente estas virtudes nos unen –es difícil no estar de acuerdo con ellas– y nos permiten actuar con libertad dentro del ámbito laboral. El problema comienza cuando solo se pregonan, pero no se viven con el ejemplo o no existen consecuencias graves para aquellos que las transgreden.

¿Cuántas organizaciones dicen que el servicio al cliente es uno de sus valores, pero cuando un empleado está atendiendo a un cliente y le llama su jefe lo deja por atender a su superior? Simplemente ese valor no se vive, aunque esté escrito.

En una ocasión tuve la oportunidad de viajar con el equipo directivo para felicitar a la División de Ventas que había obtenido el primer lugar. Al estar ahí, se me acercó un grupo de trabajadores para comentarme sobre el maltrato que recibían por parte de su líder.

En ese momento nos enfrentamos a un gran dilema: por un lado, los resultados de la división eran excelentes, pero por el otro había una violación grave a uno de los seis valores que teníamos respecto a la gente. Al pensar en las cualidades que nos regían, la decisión fue fácil: despedir al líder, aunque fuese el número uno en ventas.

A partir de esa triste experiencia los empleados creyeron en los valores y empezaron poco a poco a vivirlos, gestando así un cambio cultural y una forma diferente de convivencia. Los valores permiten que la gente pueda tomar decisiones con rapidez, pues son la parte más importante de la cultura.

En el ejemplo de la llamada del jefe, el vendedor sabe que el servicio al cliente es uno de los valores esenciales, por lo tanto, ya tiene elementos para decirle a su superior que le devolverá la llamada más tarde (después de terminar de atender al cliente).

Si alguien le reclamara, tendría que decir que actuó en congruencia con los valores de la empresa. Si, por ejemplo, estuviera el valor de la «austeridad» y los directivos gastan y despilfarran recursos nadie los respetará, y esa virtud no será parte de la cultura laboral, a pesar de estar por escrito.

Porras y Collins (autores de *Built to Last*) explican que las empresas que han sido exitosas y han perdurado en el tiempo tienen algo en común: una visión de largo plazo y valores. Todo lo demás fue y ha sido sujeto a cuestionamientos y cambios. Un país sin valores está perdido. Pensemos en Japón, ¿cuáles son sus valores? Puntualidad, honradez, mejora continua, entre otros; esos son los distintivos que lo hacen exitoso.

En una ocasión visité una fábrica que nuestra empresa tenía en ese país, y en la bodega no encontré inventario de materiales de empaque. Cuando cuestioné el nivel de inventario me indicaron que solo tenían para cinco horas. Mi primera reacción fue preguntar qué pasa si no les llega a tiempo. Me vieron con sorpresa y la respuesta fue: «¿Por qué piensa que no llegará?». En todos los años que el supervisor llevaba en su puesto, eso nunca había sucedido.

De regreso al hotel estaba lloviendo y tomamos prestado un paraguas en la estación del metro, debíamos devolverlo al día siguiente. ¡No lo podía creer! Un país pequeño como Japón, sin muchos recursos naturales, es la economía número tres del mundo, y mucho tienen que ver sus valores y el respeto que sienten por ellos. Esa es la fuerza de vivirlos. ¿Cuáles son los de México?

Si no los tenemos enunciados y los evaluamos, difícilmente podremos hacer planes y programas para mejorarlos o premiar y castigar a quien no los viva.

Para establecer los valores sugiero seguir ciertas reglas:

- No deben ser más de cinco o seis, porque cada uno requerirá de tres a cuatro conductas. Así tendremos de quince a veinte reactivos con los que trabajaremos.

- No poner aquellos que son universales y que todas las empresas tienen, pues perderemos la oportunidad de ser únicos y de distinguirnos. Los valores deben reflejar lo que nos ayuda a lograr la estrategia y a ganar los mercados.

- Si la compañía ya existe, hay que preguntar cuáles son los que se practican y forman parte de la cultura. De esa lista escojamos los que queremos conservar en forma explícita porque apoyan la estrategia.

- Hay que elaborar una lista con el equipo de liderazgo, revisando primero las ventajas competitivas que se establecieron y preguntando: ¿qué tipo de valores nos ayudarán?

Por otro lado, si sabemos que la velocidad e innovación son dos de los detonantes de la nueva economía, ver si alguno de ellos puede ayudarnos a este fin. Del listado, elegir idealmente cinco o seis, cuidar no pasar de ese número y asegurarse de que, en los elegidos, están representados el cliente, el consumidor y los empleados.

Estas opciones nos darán una idea de algunos valores que pueden ser interesantes para evaluar, sin perder de vista que cada organización debe tener sus distintivos: innovación, colaboración, servir al cliente, integridad, empatía e inclusión, ciudadanía global, confiabilidad, sustentabilidad, pasión por crecer, persistencia, confiabilidad, adueñarse de los resultados, apertura al cambio, entre otros.

Una vez que tengamos nuestra relación, hay que anotar en una frase corta las tres conductas que nos gustaría ver para cada uno de esos valores, con la finalidad de dejar claro su significado. Ejemplos:

Innovación. Nos apasiona la disrupción que genera valor.

a. Rompemos paradigmas creando nuevas oportunidades.

b. Somos emprendedores, generamos ideas y las hacemos realidad.

c. Apoyamos y reconocemos a las personas que producen cambios, asumen riesgos y aprenden de sus errores.

Empatía e inclusión. Ponemos siempre en primer lugar a las personas.

a. Nos damos tiempo para escuchar, entender, apoyar y desarrollar a los miembros del equipo.

b. Respetamos la dignidad de las personas y valoramos la diversidad.

c. Fomentamos la compasión y aprendemos a vivir en armonía con nuestras diferencias.

Posteriormente, hagamos una encuesta con estas frases entre todo el personal, donde coloquemos una calificación de diez si ese valor se vive intensamente y un uno si está ausente. De este sondeo obtendremos material interesante para reforzar aquellos valores en los que estamos bien y trabajar los aspectos débiles, procurando reforzar y premiar las buenas acciones, pero también aplicando sanciones cuando estos no se cumplan.

Por ejemplo, una vez al año podemos celebrar el Día de los Valores; para esta ocasión cada empleado puede elegir a las personas que representan alguno dentro de la empresa y llevar una tarjeta (previamente elaborada) con un globo o un chocolate a su estación de trabajo con una nota firmada.

Recibir una o varias de estas tarjetas es una gran motivación, además de saber la virtud con la que sus compañeros lo reconocen; la persona que no reciba ninguna papeleta seguramente intentará modificar su conducta para el siguiente año. Esta es solo una de las muchas ideas que nacerán de la gente y del Comité de Transformación Cultural del que hablaremos más adelante.

Transformación cultural

Lograr una transformación cultural implica mucho esfuerzo y tiempo del equipo directivo, lo que generalmente es difícil de encontrar por las presiones del trabajo diario. Lo urgente siempre llena nuestras agendas.

Alinear la cultura es muy importante, pero no es urgente; pues como decíamos al principio, pocas empresas lo logran y, por lo tanto, pareciera no ser necesario para el adecuado funcionamiento de la organización. La resistencia al cambio es directamente proporcional al nivel jerárquico que se tiene o, dicho de otra manera, mientras más alto se está en el organigrama mayor es la resistencia que se genera.

Cambiar de cultura implica ser el mejor y más innovador lugar para trabajar. Para ello, necesitamos ser rápidos en la toma de decisiones, flexibles, ceder el poder al cliente y convertirnos una organización innovadora que promueva el desarrollo humano.

Esto suena bonito y deseable, pero las preguntas que todos se hacen son: ¿por dónde comenzar?, ¿de dónde sacar el tiempo para enfrentar un reto de esta magnitud? Toda la organización debe ser parte de este proceso de cambio, y debe iniciar con el grupo de liderazgo. La primera recomendación es nunca tratar estos temas al mismo tiempo que la agenda normal del negocio, ya que requieren de reflexión y discusión. Son asuntos importantes, pero nunca urgentes.

Otra sugerencia es formar, junto con el grupo de liderazgo, un Comité de Transformación Cultural; mientras más reducido sea más fácil será ponerse de acuerdo, pero no se puede dejar fuera de este proceso a nadie del primer nivel de una compañía.

La frecuencia de las reuniones deberá ser de cuatro a cinco veces en el año, y con una duración de cinco a ocho horas. Pedir más a un grupo no es realista, por todo lo que implica la implementación de las decisiones que se toman en estas juntas. Para arrancar tenemos que partir de la información; una de nuestras fuentes es la encuesta de cómo se viven nuestros valores. Sin embargo, un sondeo del clima organizacional es indispensable para saber el estado que guarda la empresa en todos los temas relacionados con la satisfacción laboral.

Lo primero que encontraremos al hacer la investigación sobre los valores o el clima organizacional es la creación de expectativas, ya que la gente la percibirá como una gran oportunidad de expresarse y decir lo que siente. El primer compromiso que se tiene que hacer es compartir los resultados de su área de trabajo para que, de esta manera, sean ellos los que sugieran acciones correctivas.

Las reuniones para compartir la información deben ser presididas por el líder de ese grupo para establecer al final algunos objetivos concretos que ayuden a mejorar los resultados en las áreas que están bajo su responsabilidad; también es importante dejar claro que otros temas fuera de su control serán abordados por el Comité de Transformación Cultural. Los acuerdos deben tener un responsable (algún voluntario del mismo equipo), y colocarse en un lugar visible para reforzar el mensaje entre todo el grupo.

Vamos a encontrar brechas enormes por corregir en temas centrales de calidad de vida, compensación y beneficios, comunicación, reconocimiento, capacitación, desarrollo personal, inclusión y responsabilidad social. Asignar tareas por temas al mismo grupo de liderazgo lo compromete y le da el poder para tomar decisiones sobre los asuntos que le corresponden.

Veamos un ejemplo: supongamos que decidimos crear cuatro grupos de trabajo para abordar los siguientes temas: a) calidad de vida, b) compensación y beneficios, c) comunicación y reconocimiento y d) entrenamiento y desarrollo.

Generalmente, las personas piensan que muchos asuntos están prohibidos porque así ha sido en el pasado;

cuando empiezan a ver cambios y ruptura de paradigmas se genera una sensación maravillosa de mejora en la satisfacción en el trabajo, y se propician aumentos de productividad y compromiso. Al mismo tiempo, la empresa se vuelve un lugar más atractivo para el buen talento.

El reconocimiento es muy importante para ir construyendo una nueva cultura. En este sentido, debemos empezar a crear premios instantáneos y premios institucionales que refuercen principalmente los valores y las ventajas competitivas, pues son estos los motores del éxito en un negocio.

Desarrollo de talento

Cuando Einstein murió en Princeton (18 de abril de 1955) extrajeron su cerebro para estudios científicos. La sorpresa fue que era normal y similar al de cualquier otra persona; solo encontraron una peculiaridad: el músculo de la región inferior parietal estaba más desgastado, y es en esta zona en donde se controla el pensamiento matemático. Conclusión: no hay nada especial en los genios.

El cerebro es un músculo que debe ser ejercitado, pero generalmente nos morimos y lo dejamos como nuevo. Esta fue la conclusión principal del estudio del cerebro de Einstein: todos tenemos un gran potencial, pero tenemos que desarrollarlo. Y ese perfeccionamiento es una responsabilidad individual, pero las organizaciones también pueden generar las condiciones propicias para ello.

Los líderes de las mejores organizaciones son personas con las habilidades y el potencial para exceder los resultados. Sin embargo, no es fácil conservar a la gente buena, pues requieren un plan de carrera claro y una cultura en la que se les trate tan bien, que les resulte difícil dejar la empresa. Veamos algunas recomendaciones muy concretas para mejorar a nuestro talento.

Formato de objetivos anuales. Permite retroalimentar a las personas respecto a su desempeño, premiarlas y establecer los objetivos para el siguiente año. Es recomendable que todos los empleados tengan uno, y que los objetivos sean precisos en métricas y fechas y se puedan dividir en los siguientes temas:

- prioridades del negocio base (se incluyen los resultados del negocio y los que la persona puede impactar);
- transformación y cambio (se incorporan nuevos métodos de trabajo que mejoren la eficiencia y el tiempo de ciclo, nuevos negocios, reingeniería de procesos, entre otros);
- desarrollo de talento (lo que hará la persona para mejorar a su equipo, apoyar la cultura y un buen ambiente de trabajo);
- desarrollo personal (se consideran los planes específicos para mejorar habilidades individuales y liderazgo).

Es recomendable darle un peso del 25 % a cada concepto, es decir, 50 % a los dos primeros temas de negocio y 50 % a los dos últimos relativos al talento. Hacerlo así es ser congruente, pues el tema del talento, su desarrollo y retención son fundamentales para el éxito de la compañía y la obtención de resultados extraordinarios.

La compensación es un elemento importante, y mientras más variable la podamos hacer mayor libertad daremos a la gente para que decida lo que quiere ganar; así incentivaremos una cultura y mentalidad de «dueño». Haremos que los empleados estén alineados con el accionista y tengan una cultura más emprendedora que la de un trabajador tradicional.

Recuerdo que durante una de mis asignaciones reté al líder de Manufactura a tener compensaciones variables, como sucedía en Ventas. Mi sorpresa fue que, al final del proceso, las nuevas compensaciones fueron 100 % variables y rompimos un paradigma. Los pagos quedaron establecidos por kilogramo de producto entregado y había algunos premios o castigos evaluados por los mismos empleados. Esta cantidad se les pagaba por la línea de producción y eran ellos los que definían cómo la repartían. Decidían los horarios de trabajo, la contratación de personal y el número de personas adecuado.

Me acuerdo de una planta en donde, al finalizar el año, no querían aceptar el aumento que les ofrecíamos, pues pretendían ser más baratos en costo que otras plantas para que la suya operara siempre a máxima capacidad. Cambiaron las jornadas de trabajo incrementado las horas por día y descansando dos días a la semana. El racional era mejorar su calidad de vida e ingresos, pues muchos tenían un segundo trabajo, además de que perdían de tres a cuatro horas diariamente en el transporte.

Perfil individual. Tener una hoja con el perfil individual de cada individuo nos permite, de forma resumida, contar con un documento base para las discusiones sobre su plan de carrera. La información que se incluye en forma simplificada es escolaridad (últimos grados) fortalezas y áreas de oportunidad, experiencia profesional, evaluaciones de desempeño y preferencias de carrera.

Formato de talento. Cada año el equipo de liderazgo debe tener una reunión para revisar el Plan de Gente (*People Plan*), evaluar su talento y tomar acciones al respecto. En una matriz se coloca a los empleados por niveles de la organización o por procesos, en un formato que da una visibilidad inmediata sobre su desempeño.

Una forma simple es poner en un eje el potencial de la gente y en el otro el desempeño anual. Hay personas que pudieron tener un mal año, pero que tienen un gran potencial. Este formato, junto con la hoja del perfil individual, ayudará a los líderes a tomar decisiones con mayor facilidad.

Cuadro 9.1 **Evaluación de potencial versus desempeño**

POTENCIAL		ABAJO DE PLAN	EN PLAN	ARRIBA DE PLAN	EXCELENTE
	ALTO				
	MEDIO				
	BAJO				
	PROBLEMA				
		DESEMPEÑO			

Fuente: Elaboración propia.

Formato de banca. «Tener banca» (un reemplazo listo para el puesto) es la responsabilidad número uno de cada líder, pues implica saber contratar, desarrollar y atraer talento. En la reunión anual del Plan de Gente se deben revisar las matrices de banca junto con los formatos de talento. Cuando a una empresa le hace falta «banca» debe acelerar su proceso de desarrollo interno o contratar nuevo personal para las posiciones donde exista más bajo potencial y desempeño.

Es importante anotar quién está listo para reemplazar inmediatamente al líder. Imaginemos el caso extremo de que un autobús atropellara al jefe, ¿quién puede tomar el puesto?

Podemos clasificar a los reemplazos en «listo» o «en doce meses», «entre uno y dos años» y «entre tres y seis años». En los objetivos anuales de cada líder con su equipo deben aparecer metas que sean congruentes con estas evaluaciones.

Cuadro 9.2 **Formato de banca**

BANCA	POSICIONES			
	Puesto 1	Puesto 2	Puesto 3	Puesto 4
Listo ya o en 12 meses				
Entre 1 y 2 años				
Entre 3 y 6 años				

Fuente: Elaboración propia.

Con estas cuatro herramientas descritas (formatos de objetivos anuales, perfil individual, talento y banca) es posible provocar un gran cambio en el talento de una empresa.

El contenido de este libro ofrece una visión de conjunto y un menú de algunos de los mejores instrumentos, pero hay que tener cuidado en cómo usarlos. «Un líder es alguien a quien sigues a un lugar al que no irías por ti mismo» y la elección del camino, los pasos y los tiempos son parte de su responsabilidad. Cada organización tiene mercados y problemáticas distintas y de esto dependerá la ruta a seguir.

Para ser una empresa admirada debemos:

- elegir ser únicos y no correr la misma carrera de los demás, pero sí correr más rápido;
- mantener alineado al equipo de liderazgo y ser congruentes con lo que decimos y hacemos;
- tener claridad en la visión y el negocio en el que queremos competir, en cómo competir y saber cuáles son nuestras ventajas competitivas.
- saber cómo implementar la estrategia;
- contar con las personas adecuadas (competencias necesarias) y motivarlas permanentemente;
- crear una cultura de innovación y cambio que establezca las normas, valores, actitudes y conductas requeridos;
- enfocar la organización en el cliente, con los sistemas de reconocimiento y desarrollo de talento y su reemplazo.

Avanzar en los temas relativos a la cultura genera una recompensa enorme y, como vimos, en las organizaciones más valiosas el 84 % de su valor radica en los intangibles; lo más importante será que tendremos una compañía más competitiva, construiremos la lealtad de nuestros clientes, mejoraremos la calidad y velocidad de nuestras decisiones, el negocio funcionará mejor, la gente será más efectiva y estará feliz y comprometida, y los accionistas tendrán una gran confianza para seguir invirtiendo.

En conclusión, si queremos elegir cuatro batallas y hacia ellas dirigir nuestros esfuerzos de transformación, recomiendo que sean las de la siguiente lista:

a. Construir ventajas competitivas.

b. Edificar una organización rápida por procesos y con poder en los equipos de clientes y marcas.

c. Cambiar el rol de líder para que se convierta en *coach*, entrenador, facilitador y dé el poder a la gente de línea.

d. Lograr que el consumidor sea nuestro único y verdadero jefe.

Implementar las mejores prácticas significa replicar el pasado, innovar significa diseñar el futuro.

Cultura de innovación

Los líderes del siglo XXI tendrán que reinventar la organización todos los días.

Jorge Brenix Exebio

La innovación es una cultura, no un evento; sin la cultura adecuada la innovación no ocurrirá jamás. Es curioso que muchos de los creadores que están revolucionando al mundo y los negocios partieron del mismo punto: arrancaron sin dinero y sin recursos, encontrando soluciones a una oportunidad que generalmente el líder del mercado no ofrecía.

Muchos me preguntan cómo saber si tenemos una cultura de innovación y en qué etapa está, y se sorprenden cuando les hago algunas preguntas:

- ¿Tienen entrenamiento para ser un innovador?
- ¿Existe capital semilla para probar ideas de los empleados?
- ¿Cuánto representa la innovación en la evaluación individual de desempeño?
- ¿Cuentan con mentores para innovar?
- ¿Cómo apoya la compañía el proceso de innovación?

Apple es la empresa más valiosa y también es reconocida como la más innovadora. Esta cualidad parte de la cabeza y se enfoca en crear productos nuevos con rapidez. Hay un buen balance entre la innovación radical o *blue ocean* y la incremental. La creatividad generada por Steve Jobs y su equipo estaba basada en la intuición y la experiencia, más que en la información del consumidor. Los equipos de producto reciben presupuestos anuales y deciden el gasto en innovación; tienen áreas de oportunidad en la formalización de sus procesos, pero consideran que esto inhibe la creatividad.

Hay elementos comunes en las empresas consideradas innovadoras y muchos modelos se han diseñado y libros se han escrito sobre el tema. Trataré de elegir aquellos elementos que, a mi juicio, son los fundamentales para formar una cultura de innovación. Cada uno podrá adaptarlo a sus condiciones, acorde con la filosofía de la innovación que parte de la premisa de pensar diferente y *fuera de la caja.*

Hay cuatro temas esenciales que siempre encontraremos en una organización innovadora, partiendo de que existe el compromiso del líder de establecer la creatividad como prioridad, la dirección estratégica y los recursos necesarios:

1. Establecer una **estructura organizacional** que promueva la colaboración y el liderazgo en innovación.

2. **Educar al personal** sobre técnicas y herramientas para crear innovaciones radicales e incrementales.

3. **Establecer los procesos** para convertir las ideas en resultados medibles y concretos.

4. **Reconocimientos, métricas y sistemas de recompensa** a los resultados de innovación.

Veamos cada uno de ellos en mayor detalle.

Estructura organizacional

Si el responsable de hacer realidad la cultura de innovación es el director general, este se debe apoyar en un coordinador de buen nivel que le reporte directamente y cuyo título podría ser líder de innovación o *chief innovation officer*. Un mensaje de esta naturaleza implica un verdadero compromiso con la creación de una cultura de innovación.

Entre las competencias del líder de innovación se encuentran facilitarla todo el tiempo y en todos los niveles; conocer de forma global el negocio; inspirar y motivar a otros; tener un liderazgo de *coach*; crear una plataforma que acelere el cambio; liderar los comités de innovación y coordinar los proyectos de *océanos azules*.

La agenda para crear una cultura de innovación es muy amplia y su líder debe ser un apoyo para todos estos procesos. Se tendrán que hacer ajustes en la organización para eliminar barreras, entrenar al personal en los procesos de innovación, crear programas de comunicación y de capital semilla, diseñar métricas y sistemas de evaluación, ajustar los espacios de las oficinas para invitar a la innovación, dar flexibilidad para destinar tiempo a crear, desarrollar sistemas de información para apoyar el proceso y establecer métodos de compensación variable, entre otros.

Como líder, se requiere comunicar el *innovation intent* en el que se clarifiquen los objetivos y metas que se buscan. Por ejemplo, todos los días nos estamos reinventando: 1) innovamos en productos y experiencias que nos permiten servir a los clientes mejor que nadie; 2) innovamos en procesos y materiales siempre cuidando el medioambiente donde vivimos; 3) innovamos en la forma de manejar el negocio, fomentamos el desarrollo de talento; 4) innovamos en modelos de negocio que mejores nuestros resultados.

Nombrar al líder de innovación y crear un fondo de capital semilla para proyectos radicales –no para mejora continua o incrementales– son dos de las primeras acciones que empiezan a generar credibilidad de que «el asunto de la innovación» va en serio. Es importante que el fondo tenga una cifra grande, casi nunca se usa porque hay requisitos estrictos para obtenerlo; el mensaje más importante es eliminar el pretexto de que no hay recursos para innovar.

Educar al personal

En una compañía todos deben colaborar en la innovación. El que barre o corta las plantas seguramente puede encontrar formas creativas de hacerlo mejor: puede determinar que algunas zonas se limpien semanalmente y otras a diario, esto aun cuando la orden haya sido limpiar todo diariamente.

El que riega los jardines puede analizar cómo hacerlo optimizando el uso del agua. A este tipo de innovación se le llama *incremental* o de *mejora continua*, a la que implica cambios importantes en la forma de hacer el negocio se le denomina *radical*, y es a esta a la que el líder debe dedicar la mayor parte de su tiempo.

Es importante entrenar a todo el personal en cómo innovar e incluir en sus objetivos anuales alguna contribución al cambio; por pequeña que esta sea, es un primer paso. Recomiendo elegir alguna de estas tres herramientas prácticas y útiles para administrar la innovación en nuestras empresas: a) *océanos azules* y *rojos*, b) innovación divergente, convergente y emergente y c) creación de *repúblicas*.

a) *Océanos azules y rojos*

En 2005, Chan Kim y Renée Mauborgne publicaron *Blue Ocean Strategy*, un libro que ayuda a entender la innovación radical (*océanos azules*) al dejar a un lado la competencia destructiva (*océanos rojos);* también nos explican cómo hacer a la competencia irrelevante por medio de un salto de valor.

Pensemos en un nuevo producto introducido con éxito que se mueve en *aguas azules* y tranquilas. A través del tiempo atrae imitadores y posteriormente aparecen depredadores que atacan con precios bajos. Estos *tiburones* terminan destruyendo la industria *azul* convirtiéndola en un *océano rojo*.

Crear *océanos azules* significa buscar nuevas soluciones de valor a los clientes, retar los procesos actuales, entender a los no consumidores o clientes insatisfechos con nuestros productos y crear para ellos una propuesta de mayor valor al precio que se establecerá. Toda empresa innovadora debe tener algunos proyectos de este tipo al mismo tiempo que mantiene la innovación incremental; pero para saber cuáles son *azules* debemos responder las siguientes preguntas:

- ¿Tiene el poder de modificar las expectativas tradicionales de los clientes?
- ¿Tiene la capacidad de cambiar las ventajas competitivas del mercado?
- ¿Tiene la fuerza suficiente para transformar las reglas del juego?

En general, las innovaciones *océano azul* representan menos del 14 % de los proyectos de innovación, pero generan el 61 % del impacto en utilidades.

Cuadro 10.1 **Océanos rojos y océanos azules**

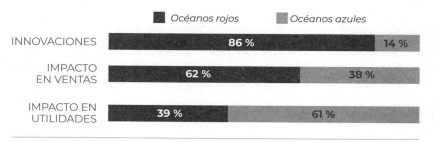

Fuente: Elaboración propia con datos del libro *Blue Ocean Strategy*.

A través de un ejemplo práctico intentaré explicar y motivar el uso de esta metodología que se aborda muy bien en el libro mencionado. Pensemos en una industria muy competida: hoteles de bajo precio con exceso de capacidad, baja rentabilidad y cuyo mercado son hombres de negocio que trabajan en oficinas. ¿Le entrarías? En este ejemplo hay un mercado actual y tres tipos de clientes potenciales: 1) aquellos que estamos por perder, 2) los que están lejos de ser usuarios y 3) quienes piensan que nunca lo serán.

Para crear un *océano azul* tenemos que ofrecer nuevas cosas que den valor y eliminar o reducir aquello que no es apreciado por los clientes potenciales, pero que tiene un costo para la compañía. En palabras de Kim y Mauborgne sería: aumentar, crear, eliminar y reducir.

Imagen 10.1 **Crear un *océano azul***

ELIMINAR
• Restaurante
• Arquitectura
• Salones

BAJAR COSTOS INNECESARIOS

REDUCIR
• Tamaño del cuarto
• Recepcionista 24 h

INCREMENTAR VALOR AL CLIENTE

AUMENTAR
• Calidad de cama
• Higiene
• Silencio
• Precio

CREAR
• Autoservicio
• Consistencia en calidad

Fuente: Elaboración propia con datos del libro *Blue Ocean Strategy*.

Podríamos tener hoteles tan confortables en sus camas como un Westin o un Marriott, pero con precios similares a los de bajo precio y con costos de personal e inversiones menores por requerir menos terreno y menos construcción. La rentabilidad sería mejor y esto se volvería un *océano azul,* hasta que de nuevo aparezca la competencia y convierta a la industria en un *océano rojo.* Es por ello que toda empresa siempre debe contar con proyectos radicales y con *océanos azules.*

Existen muchos ejemplos de *océanos azules* entre los que destacan Cirque du Soleil, los palos de golf Big Bertha de Callaway, aviones privados compartidos, Ikea, Starbucks, relojes Swatch, Southwest Airlines, Facebook y Skype.

b) Innovación divergente, convergente y emergente

Hay que pensar *fuera de la caja*, romper paradigmas y trabajar en equipo. Sin embargo, provocar la creatividad que nos dé soluciones no es tarea sencilla: ¿cuántos años tuvieron que pasar para asociar la rueda a una maleta? Existen *bloqueadores del proceso de innovación*: la tensión, el «qué dirán», la eficiencia, buscar respuestas únicas y correctas, etcétera. Se nos olvida que no siempre se consiguen resultados al primer intento; Thomas Alva Edison, por ejemplo, perfeccionó el foco después de cientos de ensayos.

Existen las sesiones de «lluvia de ideas» en las que surge el pensamiento divergente. Después, estas propuestas se pasan por un filtro convergente para que, una vez hecha la evaluación, terminemos con un par de buenas ideas llamadas emergentes. Sin embargo, estos tres pasos no pueden convivir de forma simultánea, pues requieren de procesos y de personas distintas. Veámoslo en detalle.

Pensamiento divergente. Toda empresa debe entrenar a su personal en cómo activar este tipo de pensamiento. Se empieza con una reunión relajada y sin distracciones en la que se define el problema (gasto elevado en telefonía, recuperación de clientes perdidos, etcétera). En estas sesiones deben participar las personas que son parte central del problema o de la solución. Se buscan ideas y se enlistan sin importar qué tan locas parezca. Una regla es que no se permiten los comentarios negativos, pero sí apoyar con algunos puntos o de mejora de las iniciativas. Generalmente, este método tiene una duración de una a dos horas y se llegan a generar hasta 250 ideas.

Pensamiento convergente. Este proceso ya no requiere a los implicados en el problema, pues se estudiarán las múltiples ideas con un análisis riguroso que permitirá hacer una selección de las diez mejores. Mientras que en el pensamiento anterior se necesita gente creativa, en este se requieren personas con habilidades analíticas.

Proceso emergente. Del análisis detallado generalmente surgen un par de soluciones, cuya implementación estará a cargo de quien tiene la responsabilidad del proceso.

c) Creación de *repúblicas*

Muchas compañías asignan los *océanos azules* a líderes que tienen el mandato de moverse con rapidez y la libertad de decidir si se apoyan o no en las estructuras de la empresa. Esta libertad origina una especie de *repúblicas* al interior, las cuales pueden provocar conflictos, pero al mismo tiempo se logra el objetivo que se desea. Mientras no tengamos procesos sólidos, esta herramienta es muy útil; de lo contrario la innovación radical corre el peligro de ser boicoteada.

Establecer los procesos

Tener una cultura de innovación implica contar con procesos autoadministrados para que fluyan las decisiones sin tener que subir hasta la Dirección General. Sin estas herramientas, el procedimiento burocrático sería aún mayor y los resultados desastrosos. Uno de los mejores instrumentos que usan las organizaciones innovadoras se llama Stage-Gate. Esta metodología ordena todas las nuevas iniciativas bajo un sistema en el que las ideas inician su proceso y para poder «seguir vivas» tienen que pasar por las siguientes etapas con los indicadores que previamente haya establecido el Comité Directivo.

Generalmente, en un proyecto hay cinco o seis etapas llamadas *gates* hasta que la iniciativa se lanza al mercado. En alguna de las fases se encuentra la aprobación de inversión por parte del Comité de Innovación, que ocurre de forma automática si la propuesta ha pasado los ciclos anteriores y en la última alcanza los indicadores de rentabilidad establecidos.

Dicho de otra forma, el procedimiento que una dirección tradicional sigue se pone dentro de un proceso formal que entrega el poder de decisión a la gente, reduciendo así la intervención de la alta dirección y, por lo tanto, los tiempos de ciclo. Es tan simple como ir preguntando a la dirección qué proceso lleva a cabo para aprobar un documento que recibe, las respuestas se ponen en un procedimiento formal para que solo tenga que intervenir en los casos que se salen de sus parámetros. Este proceso es como un embudo: se comienza con muchas ideas, pero solo muy pocas logran pasar los filtros.

En una ocasión se acercó a mí una persona con un documento y me preguntó cuánto tiempo tardaba en aprobar un proyecto. En ese momento me di cuenta del poco valor que agregaba al ser «cuello de botella» de algunas iniciativas. Le respondí que entre uno o dos días, y que si veía que pasaba de un millón de pesos le daba una leída. Esta persona me indicó que en un año ningún proyecto había rebasado esa cantidad, y me sugirió que mi aprobación fuera excluida del proceso mientras no superara el límite establecido.

Con estos cambios se eliminaron largos proceso que involucraba a ocho personas y que tardaban entre 25 y 80 días para pasar por todos los niveles de aprobación. Con estas modificaciones el tiempo se reduciría a seis horas. Había una persona dedicada a ello, pero nunca pensó que era su obligación intentar simplificar el procedimiento. Recibió entrenamiento de un antecesor y lo replicaba al pie de la letra, y todos los que interveníamos simplemente lo seguíamos.

La única persona que puede innovar es la que vive el proceso, lo conoce, se da cuenta de sus ineficiencias y en cierta manera es afectada directa o indirectamente. Veamos con un ejemplo cómo funciona el Stage-Gate para nuevos productos en donde hay cinco *gates.*

Imagen 10.2 **Stage-Gate para innovación de productos**

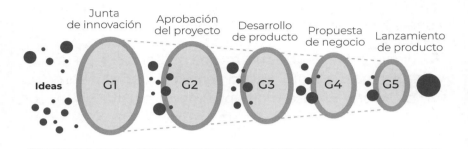

Fuente: Elaboración propia.

G1 Junta de innovación. Se revisan las ideas que surgieron de los ejercicios de innovación divergente y convergente y se aprueban las que se alinean a la estrategia.

G2 Aprobación del proyecto. Solamente las ideas que lograron una prueba de diferenciación contra la competencia se admiten.

G3 Desarrollo de producto. Si en las pruebas de interés el producto es aceptado por el consumidor, tiene un margen de utilidad mayor a un porcentaje y el pago de la inversión es menor a dos años y medio pasa a la siguiente etapa.

G4 Propuesta de negocio. Aquí se requiere un planteamiento completo para aprobar la inversión final. En esta fase es en la que interviene el director general.

G5 Lanzamiento de producto. Se revisa el estatus del proyecto y sus desviaciones, y se da el banderazo de salida para el mercado.

Reconocimientos, métricas y sistemas de recompensa

Para que una cultura de innovación sea sólida requiere que las métricas, estímulos económicos y reconocimientos estén alineados y se conviertan en una parte importante del éxito de las personas en la empresa; de lo contrario, será muy difícil que la gente tome los riesgos que conlleva una cultura de cambio.

Para comenzar, siempre debe existir una meta individual de innovación o proyecto de transformación, con sus métricas sobre los resultados esperados, de tal forma que la innovación sea una parte importante de la compensación. Dicen que lo que no se mide no sucede. Así pues, tener métodos de medición claros sobre los impactos de la innovación ayuda a que esta se haga realidad. Cada negocio es diferente, pero algunos indicadores pueden ser:

- porcentaje de empleados innovadores;
- porcentaje de ventas de productos nuevos en los últimos doce meses;
- incremento de margen debido a productos nuevos;
- porcentaje de ideas radicales del total propuestas;
- encuesta sobre cultura de innovación para analizar sus avances;
- porcentaje de ideas externas versus porcentaje de internas;
- porcentaje de propuestas que superaron los objetivos establecidos.

Sugerencias para crear reconocimientos no monetarios hay tantas como creatividad existe. A continuación, ofrezco una lista de algunas que pudieran servir de inspiración:

- implementar el Día de la Innovación para reconocer a las mejores ideas del año en distintas categorías a través de votaciones;
- portar pulseras o insignias para que los directivos distingan instantáneamente ideas, proyectos o actitudes innovadoras, y que visiblemente todos identifiquen a sus creadores;
- elaborar notas escritas y enviarlas al personal que se caracteriza por innovar, con un lema impreso que diga: «Por ser un emprendedor» o «Tú haces la diferencia»;
- otorgar tardes libres para quien haga realidad sus ideas.

Los factores decorativos, códigos de vestimenta y lenguaje también influyen mucho en la cultura de innovación. Las personas deben entrar a sus espacios de trabajo y sentir que reflejan un espíritu creativo y apertura al cambio. **¿Cómo saber si hemos logrado una cultura de innovación?**

- Cuando seamos incluyentes con las ideas, personas y géneros.
- Cuando contemos con «banca» para casi todos los puestos de la empresa.
- Cuando todos tengamos tiempo para pensar.
- Cuando la organización sea simple, por procesos centrados en el cliente y con una ejecución perfecta.
- Cuando logremos el balance entre la vida personal y el trabajo.

- Cuando la tecnología sea un habilitador para darle poder a la gente.

- Cuando el pensamiento divergente sea parte de la rutina.

- Cuando se reconozca a quien se atrevió a intentarlo aun cuando tropezó.

¿Qué no podemos hacer hoy, pero si lo hiciéramos, cambiaría los fundamentos del negocio?

CAPÍTULO 11

Reflexiones finales

La mejor forma de predecir el futuro es crearlo.

Peter Drucker

Vivimos en una época de grandes cambios en donde el reto es lograr que nuestras empresas sean relevantes, en un mundo donde más de 400 millones de personas (5 % de la población mundial) son emprendedores que buscan oportunidades de nuevos negocios.

Ante este panorama, un líder del siglo XXI debe dedicar al menos el 50 % de su tiempo a tres actividades que no debe delegar: 1) anticiparse al futuro, 2) atraer y desarrollar talento y 3) modelar la cultura, ya que estos tres factores determinan la vigencia y el futuro de cualquier organización.

Este libro ofrece una visión de conjunto para tomar conciencia de que muchas de nuestras actuaciones y comportamientos como líderes vienen de hábitos del pasado que vivimos y copiamos. Para romper estos paradigmas, lo primero es identificar estas conductas y después hacer ajustes en nuestro estilo de liderazgo.

No hay que olvidar, como ya lo señalé, que para ser una empresa admirada debemos:

• elegir ser únicos y no correr la misma carrera, pero sí correr más rápido;
• alinear al equipo de liderazgo para que haya congruencia entre lo que dicen y hacen;
• tener claridad en la visión y el negocio en el que queremos competir, cómo hacerlo y las ventajas competitivas con las que contamos;
• saber lo que se tiene que hacer para implementar la estrategia;
• contar con personas que tengan las competencias necesarias y que estén motivadas;
• crear una cultura de innovación y cambio que establezca las normas, valores, actitudes y conductas requeridas;
• construir una organización enfocada en el cliente, con sistemas de reconocimiento y desarrollo de talento y su reemplazo.

Avanzar en los temas de cultura producirá una recompensa enorme, pues como he venido mencionando, en las empresas admiradas el valor reside en los intangibles, esos que no están reflejados en las hojas de balance. Progresar en las agendas de futuro, talento y cultura nos permitirá:

• tener una compañía más competitiva;
• construir la lealtad de nuestros clientes;
• mejorar la calidad y velocidad de nuestras decisiones;
• funcionar mejor y lograr que la gente sea más efectiva, feliz y comprometida;
• conseguir la confianza de los accionistas para seguir invirtiendo.

En conclusión, si queremos elegir cinco ejes que guíen la transformación, la siguiente lista puede ser muy útil:

a. Articular una visión poderosa que sea única y distintiva, que refleje lo que hacemos y por qué lo hacemos.

b. Crear ventajas competitivas.

c. Construir una organización rápida por procesos y con poder en los equipos de clientes y marcas.

d. Cambiar el rol de líder para que se vuelva *coach*, entrenador, facilitador y dar el poder a la gente de línea.

e. Decretar que el consumidor es nuestro único y verdadero jefe.

Ser una empresa admirada implica no solo tener éxito económico, sino lograr que los colaboradores vean a la organización como un buen lugar para trabajar y que los clientes tengan una lealtad única por su servicio y diferenciación de productos. Ser una empresa admirada genera un nivel de satisfacción que sobrepasa cualquier éxito económico y produce un valor enorme al accionista, además de lograr que el nuevo empleado aspire a ser parte de ella.

Será responsabilidad del líder definir el calendario, las prioridades y el énfasis en los distintos pasos para la transformación, pero anticiparse al FUTURO, atraer y desarrollar TALENTO y modelar la CULTURA debe estar en el 50 % (o más) del tiempo que dedica al negocio, con el propósito de darle sentido y lograr un apoyo entusiasta a los procesos de cambio.

Este libro no pretende mostrarnos cómo correr la misma carrera, sino cómo hacerla diferente. Es un texto de transformación que sirve para todo aquel que esté inmerso en una organización y desea crecer o ser parte de un proceso de cambio. Para el que aún no cuenta con un negocio, pero tiene algunas ideas, espero que le ayude a prevenir algunos errores comunes y a construir una compañía con una cultura innovadora que pueda moverse a mayor velocidad que otros jugadores.

El futuro es el lugar
a donde los líderes
nos guían.